나의 체류기

나의 체류기

초판 1쇄 인쇄 | 2022년 11월 01일
지은이 | 오기환
펴낸이 | 이재욱(필명:이승훈)
펴낸곳 | 해드림출판사
주 소 | 서울 영등포구 경인로82길 3-4(문래동1가 39)
센터플러스빌딩 1004호(07371)
전 화 | 02-2612-5552
팩 스 | 02-2688-5568
E-mail | jlee5059@hanmail.net

등록번호 제2013-000076
등록일자 2008년 9월 29일

ISBN 979-11-5634-525-1

나의 체득기
오기환 산문집
해드림출판사

책을 내면서

세상에 머무는 체류

‘객지에 가서 머물러 있는 것’을 체류라고 한다. 내가 사는 세상을 객지라고 한다면 세상에 머무는 것을 체류한다고 할 수 있다. 자신의 이름으로 등기된 집에서 머무는 것이나 세상을 옮겨 다니면서 머무는 것이나 다를 게 없다고 생각한다.

시작이 있으면 끝이 있듯 나의 세상 체류 기간도 끝이 있겠다. 그 끝이 가까운 시일 내에 있던 먼 시일 내에 있던 거기서 거기지 싶다. 세상에 더 머물고 싶어서 출입국관리소에 체류 기간 연장신청을 해봐야 불허될 것이 뻔하다. 어쩌다 연장된다고 해도 그렇게 하고 싶지 않다. 체류 기간은 보이지 않는 힘으로 정해지는 것이 아닐까 싶다.

문득 많은 세월을 허비하며 살았다고 생각할 때가 있다. 후회막급이지만 어찌할 도리가 없다. 물도 고여 있으면 상하듯 사람도 멈추면 탈이 난다. 그래서 약속이 없어도 있는 척, 갈 데가 없어도 있는 척하며 세상을 쏘다닌다. 세월을 허비하지 않고 유용하게 써야 하는데, 멈추지 않고 걸으며 변화해야 하는데 하면서.

요즘 하루하루를 보내는 것이, 글 한 편 쓰는 것이 유정하다. 이런 조짐은 끝이 가까이 있다는 징조이기도 하다. 이런 나를 덧칠하지 않고 솔직하게 글로 남기고 싶은 생각에 2, 3년 동안 쓴 글을 모아 《나의 체류기》를 내놓는다.

2022년 10월

수필을 쓰는 김기헌

차례

2부 머물면서, 그 흔적을 찾아서

3부 나도 고장 나고 싶을 때가 있다

4부 큰소리로 말해 줘

001

단조로운 일상을 보낼 수 있는 능력

새와 노인

건물 출입문을 칠하는 날이다.

칠 한 지가 오래되어 색이 바래고 군데군데 벗겨져 낡아 보인다. 단골 업체 주인이 건강이 좋지 않다면서 믿을만한 업자를 추천해 준다.

그분이 왔다. 작은 키에 허리가 굽은 노인이 흰색 운동모자를 쓰고 마스크도 썼다. 주위에 눈길도 주지 않고 칠하는 데만 집중한다. 손놀림이 능숙하다. 다른 사람은 손잡이나 장식 등에 비닐을 붙이고 칠하는데 이 노인은 눈짐작으로 그림은 그리듯 붓질을 해서 원형을 유지한다. 비닐로 감싼 것보다 못지않다. 바닥에도 페인트 한 방울 떨어뜨리지 않는다. 믿음이 간다.

차 한 잔을 건넸다. 달게 마시며 자기 나이는 81살이라고 한다. '국민학교'를 졸업하고 칠일을 시작한 것이 천직이 됐다고 한다. 아내가 사다리에서 떨어진 뒤 허리를 못 쓴다고 한다. 처음으로 나를 바라보면서 올해 몇이냐고 묻는다. 웃고 말았다. "나보다 아래 갰구먼." 혼자 중얼거린다. 또 웃고 말았다. 차 한 잔이 말문을 열게 한 것 같다.

한 참 붓질을 하는데 난데없이 푸드덕 소리가 난다. 열어놓은 창으로 새 한 마리가 들어와 복도 천장을 휘젓는다. 봄이면 가끔 이런 일이 벌어진다. 성질 급한 녀석은 이리저리 날다가 창문에 부딪혀 죽을 때도 있다.

노인은 빠른 걸음으로 밖으로 나간다. 한참 후에 그물망이 달린 긴 막대를 가지고 와서 능숙한 손놀림으로 새를 몬다. 그물 속에서 푸드덕거리는 새를 날려 보낸다. 이런 일들이 순식간에 벌어졌다. 훈련이 잘된 군인처럼 숙

달된 몸놀림으로 새를 날려 보내고 하던 일을 계속한다.

점심때다. 같이 갔으면 좋겠는데 시국이 그래서 미안하다고 양해를 구하며 점심값을 넣은 봉투를 건넸다. 노인은 식당으로 가고 나는 집에서 점심을 먹었다. 상을 치운 뒤 과일을 깎고 찻물을 끓였다. 노인을 대접하기 위해서다.

노인은 차를 마시면서 숲이 줄어들고 외벽이 유리로 된 건물이 늘어나기 때문에 새들이 착각하고 유리창에 부딪혀 죽는 것을 목격할 때마다 늘 안타까웠다. 궁리 끝에 긴 막대에 그물망을 만들어서 새를 구출하기 시작했다고 한다. 얼마 전에는 옥상 방수공사가 끝나갈 무렵 참새 한 마리가 포르르 날아와 앉더란다. 새는 날갯짓을 할수록 발목이 깊숙이 방수액에 묻혔다. 눈 한 번 질근 감고 모른 척하느냐 아니면 새를 구출하고 공사를 다시 하느냐. 갈등하다가 장화를 신고 들어가 새를 구했다고 한다.

노인은 조류구조대원도 아니다. 그렇지만 모든 생명이 귀한 것은 안다. '천지지간 만물지중에 유인이 최귀' 하다는 말에 동의하지 않는다. 모든 생명은 다 같이 '존귀' 하다고 생각하며 오늘도 붓질하는 그다.

나에게 묻는다. 이 가을에

상강霜降이다. 상강이 지나면 겨울로 접어드는 시기다. 서리가 내리고 첫얼음이 얼기도 하는 계절에 동네 뒷산을 오른다. 무릎이 시원치 못한 관계로 평지만 걸으며 바라만 보던 산을 오랜만에 오른다.

산속은 한겨울이다. 필사적으로 매달려있던 나뭇잎은 제 무게를 이기지 못해 떨어진다. 산속이 낙엽 천지다.

산길을 구분할 수 없을 정도다. 바람이 차다. 방한복 위 단추마저 잠그고 웅그린 채 산길을 걷다 보면 흙으로 돌아가려는 낙엽이 밟힐 때마다 바스락 소리가 난다. 이를 바라보고 듣고 느끼는 마음은 가을 나무 잎사귀보다 더 붉다.

나뭇잎 사이를 걷는데 아직 매달려있는 잎들이 서로 비벼대며 부딪혀서 내는 묘한 소리가 허공에 퍼진다. 내 마음에도. 나무 사이에 머물고 있던 바람이 한꺼번에 일렁이며 나뭇잎 틈새를 비집고 나오면서 가지와 잎을 흔드는 소리다. 잎이 떨어진 나뭇가지 틈으로 보이는 하늘이 시리다. 나무는 사정없이 잎을 떨어뜨리며 혹한의 겨울을 준비한다. 다 떨어뜨려야 사는 길임을 나무는 익히 알고 있다.

가을을 우수의 계절이라고 한다. 거리에 낙엽이 뒹굴면 옛 기억이 떠오르고 마음 한구석이 쓸쓸해지고 우울함에 젖는다. 실제로 가을이 오면 일조량이 줄어들어 신경전달물질인 '세로토닌'의 분비가 감소하는 탓에 '계절성 우울증'이 증가한다는 연구 결과도 있다. 그래선지 올가을은 더 우울하다.

그러나 가을이라는 단어에는 추수와 가을걷이의 의미가 내포되어있다. 가을은 거두어들이는 수확의 계절이기도 하다. 여름내 여문 곡식을 갈무리하면서 겨울을 준비한다.

가을에는 우리의 몸과 마음에 존재하던 것들이 손에 닿을 수 없는 곳으로 안개처럼 사라진다. 이렇게 스쳐가는 것들에서 마지막이라는 생각이 들면 모두가 허무하고 아련한 그리움에 젖는다.

세월이 쏜살같이 달아난다. 살아간다는 것은 이렇게 쏜살같이 달아나는 계절을 한 번 더 겪는 일인지도 모른다.

올가을에 거둬들인 것은 무엇인지. 잃어버린 것은 무엇인지. 겨울이 오기 전에 무엇을 준비해야 하는지를 나에게 묻는다. 이 가을에.

사탕 한 알

겨울이면 코가 막히고 콧물이 나고 기침을 자주 한다. 환절기에는 더하다. 비염이다. 코에 약을 뿌려 보지만 큰 도움이 되지 않는다. 비염으로 낭패를 본 적이 한두 번이 아니다. 임시방편이라도 비법이 있으면 좋으련만….

봄의 초입이라 그런지 날씨가 싸늘하다. 그래서인가 훌쩍거림이 더 심하다. 약속 시각이 촉박하여 서둘러 전철을 탔다. 밖은 찬데 차내는 따뜻하다. 마침 자리가 비어있어 얼른 앉았다. 책을 꺼내 한두 줄 읽기 시작할 무렵 기침이 났다. 마스크는 썼지만 팔로 입을 가렸다. 그렇지 않아도 코로나 시대라 기침을 하면 눈총을 받는데 연달아 기침이 난다. 낭패다. 시선이 집중됨을 느끼면서 애써 외면하지만 내심 불안하다. 다음 역에서 내릴 요량으로 입을 막으며 버틴다. 그 이외에는 뾰족한 대책이 없다. 그때 옆에 분이 사탕 한 알을 쥐여 주며 "입에 무시면 멈출 거예요"라고 한다. 여성 목소리다. 그때 안국역이라는 방송이 나오고 차가 섰다. 그는 출입문으로 걸어갔고 뒷모습이 승강장으로 사라졌다.

그의 말대로 사탕을 입에 물었다. 단물이 목 안으로 넘어가면서 기침이 멈추자 집중되었던 시선이 흐트러진다. 전철은 다음 역을 향하여 출발하고 나는 사탕 한 알을 입에 물고 편안한 마음으로 그냥 앉아 있었다.

그 뒤부터 사탕 한 알을 주머니에 넣고 다닌다. 나처럼 기침하는 사람을 위해서라도.

기적

한국 외교부가 진행하고 있는 교육문화사업에 협력한 아프가니스탄 조력자와 그의 가족 391명의 구출 작전은 극도의 긴박감 속에 진행되었다. 아프가니스탄인들에게는 목숨을 건 선택이었고 우리 정부로서는 왕복 2만 킬로미터를 비행해 적진에서 민간인을 구출하는 사상 초유의 시도였다. 작전명을 '기적'이라고 했다.

독일 벨기에 등 유럽 국가들이 자국에 협력한 아프가니스탄인 들을 탈출시키는 데 실패했다. 우리 공관원들은 이 소식을 듣고 도보로 이동하는 대신 버스를 확보하여 공항 외곽에서 태우기로 했다. 미국의 협조를 얻어 미군과 탈레반이 함께 지키는 검문소를 여러 번 통과하여 공항에 진입하는 방법이었다. 수송계획은 군사작전을 방불케 했다.

조력자 391명 중 100여 명이 영유아였다. 영유아를 위한 분유와 젖병과 수송기 바닥에 깔 침구도 준비했다. 용의주도한 계획이었다. 그들을 태운 수송기는 다목적 공중급유 수송기가 뒤따르고, 미사일 공격에 대비하여 미사일 회피 장비를 갖춘 전투기의 호위를 받으며 카블 공항을 이륙했다. 수송 작전 편대는 1만 킬로미터를 비행하여 인천공항에 무사히 착륙했다. 조력자들을 전원 탈출시키는 데 성공한 것이다. 작전명 '기적' 이 기적을 이루었다.

류승완 감독이 만든 영화 〈모가디슈〉를 보았다.

우리나라가 유엔 가입을 위해 동분서주하던 1991년. 소말리아의 수도 모가디슈에서 내전으로 인해 고립되어있는 한국 요원들의 탈출기다. 실화를 바탕으로 한 이 영화는 탈레반 반군에 의해 붕괴한 아프가니스탄 사태와 많이 닮았다. 그래서인가 역병이 만연한 시대인데도 객석에는 빈자리가 드물다.

반군이 수도 모가디슈를 장악하면서 한국 대사관 요원들은 고립되었다. 반군과 정부군 사이에서 선택을 강요당했다. 정부군을 선택했다. 그런 대가는 추방이었다. 추방은 죽음과도 같았다. 본국과 통신마저 두절 되고 대사관은 반군에게 약탈당하는 고립무원孤立無援 속에서 탈출을 강행했다. 본국은 물론 정부군의 도움도 받지 못한 채 공항을 향하여 돌진하는 차량에 총탄이 빗발쳤다. 포탄이 불을 뿜어대는 속에서 생과 사를 넘나드는 고초를 겪으며 공항에 도착한다는 내용이다. 그들의 생명을 건 탈출 또한 '기적'이었다.

1991년의 '기적'은 유엔 가입을 위하여 한국을 지지해 달라고 소말리아 정부를 설득하던 중에 반군에 포위되어 정부의 손이 미치지 못하는 타국에서 공관원들의 자력으로 탈출에 성공했던 '기적'이었다. 그로부터 30년이 지난 2021년의 '기적'은 우리 정부에 협력한 아프가니스탄 조력자를 구출하여 한국에 정착시키는 우리 정부 주도 아래 성공한 인도적인 '기적'이다. 30년 사이에 대한민국은 '기적' 들이 모여 선진국의 반열에 오른 것 같다. 가슴 벅찬 일이다.

앞으로도 작전명 '기적'은 계속되리라 믿는다.

과례過禮는 비례非禮다

찻집에 갔다. 직원이 컴퓨터 화면을 보면서 "주문 도와드리겠습니다." "따뜻한 아메리카노 한 잔 주세요." 5천 원을 건넸다. "계산 도와드리겠습니다. 5천 원 받았습니다. 거스름돈 5백 원이세요" 라며 거스름돈과 호출 벨을 주면서 긴말을 마친다. 마침 창가에 1인석이 비어있다. 운수 좋은 날이다. 앉자마자 벨이 울린다. 직원 앞으로 갔다. "커피 나오셨습니다. 설탕은 왼쪽 탁자에 있으세요." 잔을 들고 자리에 왔다. 찻물로 목을 축이며 창밖을 내다봤다. 외투를 입은 행인들이 분주하게 세밑을 지나고 있다. 책을 읽다가 눈이 뻑뻑해지면 창밖을 내다본다.

갑자기 이런 생각이 든다. 직원은 주문도 도와주고 계산도 도와주겠다고 한다. 그런데 어떤 도움을 받았나? 얼른 생각이 나지 않는다. 차를 주문하면 도와주는 것이 아니라 주문을 받는 것이고 계산을 도와주는 것이 아니라 하는 것이 아닌가. 주문하고 계산을 하는 것은 손님의 의무이고 주문과 요금을 받는 것은 주인의 의무이자 권리인데 무엇을 도와준다는 말인지 이해할 수가 없다.

화장실을 물었다. "저쪽으로 가실게요."라면서 오른쪽을 가르친다. 순간 지난 일들이 스친다. 식당에서는 "손님, 주문하신 음식이 나오셨습니다." 백화점에서는 "손님, 주문하신 와이셔츠가 나오십니다." 손님을 극진히 모시다 보니 사물에도 높임말을 쓰는 세상이 된 것 같다.

시사 토론을 즐겨본다. 진행자는 그 분야에서 내로라하는 출연자들을 소개한다. 그중에 전직 국회의원, 장관, 교수 등이 있다. 그런데 의원님, 장관님, 교수님이라고 부른다. 지금은 국회의원도, 장관도, 교수도 아닌데 그렇게 부르고 본인도 자연스럽게 받아들인다. 자신을 의원이라고 부르기도 한다. 한번 국회의원을 지내면 종신 '의원님'이고 한번 장관이면 평생 '장관님'이다. 그렇다 보니 서비스업계에서 도와드린다거나 계산해 드린다거나 사물에 높임말쯤은 과례 축에도 끼지 못할 것 같다.

퇴직 후 수필 강좌를 들었다. 강사는 전문대학 교수 출신이었다. 그는 자신을 교수라고 불렀다. 수강생 중 전직이 교장 출신이면 교장이라고 교수 출신이면 교수라고 전직을 현직처럼 불러주고 수강생에게는 선생이라고 불렀다. 수강생은 서로를 선생님이라고 불렀다. '선생'이란 학식 있는 사람을 높여 이르는 호칭이다. 선생을 부를 때 '님' 자를 붙이는 것은 가르침을 주는 사람에 대한 존경심을 표현하기 위함이다'라고 사전에 쓰여 있다. 이런 일들이 사회적인 현상 같았다.

봉건시대도 아닌 현대사회에서 공직의 직함은 잠시 거치는 것일 뿐, 평생을 따라붙는 것이 아니다. 공직이든 사직이든 현직이 아닌 과거의 직함을 부르는 관행은 사라져야 마땅하다. 현재의 역할에 따라 호칭을 부르는 것이 옳다고 본다. 우리는 상품을 과대 포장하듯 호칭을 과대포장하는 사회에 살고 있다. 겉으로만 부풀려진 사회, 바람만 가득한 풍선 같은 세상에 한마디 해야겠다.

과례는 비례다.

꼬부랑말 전성시대

서울시청 전광판에 'I·SEOUL·U' 표어가 반짝인다. 서울의 새 상징이다. '나와 당신이 이어지며, 함께 공존하는 서울'이라는 의미가 담겨있다고 한다. 영문으로 된 표지판이 시청뿐만 아니라 시내 요소요소에 붙어있다. 왜 영어로 썼을까? 외국인을 위한 것일까.

서울시에 뒤를 이어서 대구는 '칼라풀 대구로', 부산은

'다이내믹 부산'으로, 인천은 '플라인 인천'으로 새 상징을 발표했다. 이 또한 영문임에는 두말할 필요가 없다. 그뿐만 아니다. 동사무소를 '주민 센터'로 파출소를 '치안센터'로 119 소방파출소를 '119안전센터'로 노인정을 '시니어센터'로 경비실을 '서비스센터'로… 부른다. 한글을 병기 한답시고 우리말은 작은 글씨로 표기했다. 주객이 바뀌었다. 간판이나 상호도 영어를 섞어 쓰거나 아예 영어로 쓴 곳이 많아졌다. 공공기관이 앞장서서 그런가. 영어 천국이다.

신문을 읽고 티브이를 보다 보면 모르는 단어가 자주 나온다. 문맥으로나 내용으로 대충 그 뜻을 짐작할 수 있지만 어떤 것은 짐작도 할 수 없다. 그럴 때면 사전을 편다.

청년 시절부터 애독하는 ㄷ 일보도 예외가 아니다. 지면 제목도 '오피니언' '투데이' '스포츠' 등 외래어로 되어있다. 그러니까 하면 '팩트' '브로커' 등 외래어를 그대로 사용하고 있다. "우리는 팩트의 시대에 살고 있다"라고 썼다. "팩트의 시대"를 "사실의 시대"로 쓰면 더 알기 쉽지 않을까. 또 "옷은 와이프가 코디해 준다."라고 아내자랑을 늘어놓는다. 외래어 남용이다. 외래어는 한글로 표현되기 어려운 말에 제한적으로 사용되어야 한다고 본다. 언론이 일반인의 언어생활에 미치는 영향을 생각하면 더 그러하다.

방송은 어떠한가? 신문보다 한술 더 뜬다. 편성표를 보면 '더 라이브' '굿모닝 대한민국 스페셜' '뮤직뱅크' '신상 출시 편스토랑'등이다. 신문보다 몇 수 위다. 내가 즐겨 듣는 ㅅ 방송국에서는 코로나 19를 주제로 한 특집을 마련했다. 진행자는 "포스트 코로나 시대 우리 사회는 어디로 가는가. 코로나 19가 많은 것을 변화시키고 있습니다. 사회의 흐름을 변화시킬 것이라는 전망입니다. 우리 사회 패러다임이 변한다는 말입니다"라고 말문을 연다. 낯선 단어를 검색했다. '포스트'는 '이후'로 '패러다임'은 '틀'로 번역되었다. "코로나 이후 시대 우리 사회는 어디로 가는가. (중략) 우리 사회 틀이 변한다는 말입니다"라고 하면 어떨까?

전염병이 창궐하자 방송에는 새로운 외래어가 등장했다. "언택트(비대면) 한가위 특집"을 마련하고 "드라이브 스루(승차 진료) 방식으로 확진자를 신속하게 검사"

하고 있다. "집에만 갇혀 있다 보니 코로나 블루(우울증)에 걸려 치료받는 사람이 늘고 있다." "가을이 오자 감기와 코로나 19가 동시에 발생하는 트윈데믹(감염병 동시 유행)이 우려된다." 출연자나 진행자나 외래어를 섞어 쓴다. 모르는 단어를 찾아가며 시청해야 할 지경이다.

공중화장실에 금연 구역을 주제로 한 붙임 딱지가 붙어있다. '이곳은 금연 구역입니다'라고 인쇄하고 영문으로 '노 스모킹'이라고 썼다. 그리고 '전국 보건소 금연 클리닉(진료소) 운영'이라고 썼다. 보건복지부가 제작한 것이다. 금연 그림 위에 영문으로 '노 스모킹'을 쓴 뜻을 이해할 수가 없다. 진료소 대신 '클리닉'을 쓴 뜻 또한 이해되지 않는다. 정부가 앞장서서 외래어를 한글보다 더 애용하는 것 같다.

서민들은 질세라 한 수 더 뜬다. "와이프(아내)는 셰프(주방장) 못지않게 파스타를 잘 만들어요." "모처럼 바람을 쐬었더니 힐링(치유) 되었네요." "코로나 19 때문에 전시회가 무기한 딜레이(지연) 됐대요."라는 등 대화에는 반드시 외래어가 끼어든다. 천구백 년간 중국말이 판을 쳤고 백 년을 일본말이 뒤를 이어 위세를 부렸다.

해방 이후부터는 서양이라면 환장하는 세상이 되었다. 그러다 보니 우리말은 누더기가 되었다. 국어사전에는 순우리말이 30퍼센트도 못 미친다고 한다.

미얀마에 가면 남자들도 치마 같은 논지라는 전통옷을 입는다. 교복도 논지를 입게 되어있다고 한다. 저녁 햇살을 받으며 논지를 입고 불상 앞에서 합장하는 모습이 인상적이었다. 그 앞에서 너무 빠르게 서양화된 나의 옷차림이 부끄럽다. 자기의 모든 것을 고집하며 논지를 입고 유유히 걸어가는 그들이 부럽기까지 하다. 옷차림은 그렇다 쳐도 우리의 말은 지켜야 하지 않겠는가. 도대체 우리는 누구인가.

나무도 사람도 잎을 떨구며 산다

나무는 가을이 깊어지면 잎을 떨어트린다. 스스로 몸을 가볍게 해서 에너지 소모를 줄여야 추운 겨울에 살아남을 수 있기 때문이다.

잎을 떨궈야 하는 건 사람도 마찬가지다. 인생의 겨울이 다가오면 마음에 매달린 미련과 애착과 후회 같은 것을 털어내야 한다. 그래야 세월의 무게를 버티며 인생의 겨울을 보내고 봄을 기약할 수 있다.

1인 낭독회

책 한 권 들고 집을 나선다.

응암역을 출발해서 월드컵경기장역을 되짚어오는 길이다. 돌아올 때는 중간쯤에서 샛길로 빠진다. 그 찻집에 가기 위해서다.

그 집주인은 연극배우다. 연극에 관한 책과 광고와 배우의 사진이 벽에 가득한 집이다. 몇 년 전에 무심히 지나다가 연극 광고를 따라 들어가 주인을 만났고 이런저런 이야기를 하다가 자주 찾는 단골집이 되었다.

내가 고등학교를 졸업하고 직장생활을 시작할 무렵인 1950년대 말은 다방문화가 한창일 때다. 커피 한 잔 시켜놓고 시국을 논하고 인생을 이야기하던 공간이었으며, 문화를 소비하던 장소였다. 나도 문인들이 자주 드나드는 갈채 다방을 그네와 다녔다. 인천에서 서울행 기차를 타고 와 그네를 만나 종로서적에서 '현대문학' 잡지를 사 들고 명동에 있는 그 다방에 갔었다. 때로는 명동예술극장 건너편에 있는 청동다방에 가서 공초 오상순 시인을 먼발치로 바라보는 것 또한 문학 행위라고 생각했다.

당시 대학로에 있는 학림다방은 다방문화의 신호탄이었다. 천병상, 이청준, 전혜린, 백기완 등의 추억과 흔적이 깃든 공간을 그네와 다녔다. 그들도 그네도 떠나가고 없는 세상을 살면서 가끔 찾아가 애도의 시간을 가지며 그리움에 젖는다. 그리운 것은 낡은 것이다. 그리운 것은 이미 내 곁을 떠난 것들이다. 그리운 것은 이미 지나간 것들이다. 그래도 그리움을 붙들고 커피를 마시며 애도의 시간을 갖는다.

다방은 마담과 레지가 분 냄새를 풍기며 말 상대를 해주는 정이 넘치는 장소였다. 때로는 위스키 한 잔에 취해서 과거를 털어놓는 마담의 하소연에 눈시울을 적시던 다방 시대. 마담이나 레지의 관혼상제에도 모른 체하지 않았다. 가난했지만 정이 통하던 시대였다. 전화가 턱없이 부족하던 시절인지라 다방이 연락처이기도 했다. "김 사장님 전화요" 하면 고맙게 전화를 받고 답례로 커피를 대접하던 시대. 다방은 교환실이었다. '쪽지 판'에 "기다리다 간다." "무턱 기다렸습니다." 등의 쪽지가 가득 꽂혀있었다. 다방은 간이 우체국이었다.

병원 진료를 마치고 근처 찻집 문을 열었다. "아메리카노 따뜻한 것 한 잔입니다" 하며 카드를 내밀면 커피를 주던 직원 대신 무인자동판매기가 설치되어있다. 카드를 꽂고 입력하면 전광판에 번호가 뜨고 차를 가져가 마시면 되었다. 말이 필요 없고 말을 나눌 상대도 없는 무인카페로 바뀌었다.

현대인은 혼자 자고 혼자 밥 먹고 혼자 노는 1인 시대를 살고 있다. 집에서나 밖에서나 말을 나눌 사람도 없고 들어줄 사람도 없는 묵언의 시대를. 1인 가구가 전체 가구 중 30퍼센트를 차지하고 있는 오늘이다. 코로나19의 비대면 시대에 마스크를 쓰고 서로서로 피해야 살아남을 수 있는 이 암담함 속에서 가족이, 우정이, 사랑이, 예술이 무슨 소용이란 말인가. 그래도 살아남기 위해서 가면 같은 마스크를 쓰고 단골집 무인카페를 드나들지만 나를 기억해줄 사람이 없다. 단골집은 있으나 단골손님을 알아볼 사람이 없는 시대다.

단골집 무인카페에서 책을 읽는다. 눈으로 읽다가 소리 높여 읽는다. 내가 읽고 내가 듣는다. 오늘도 카페에서 비대면 시대의 1인 낭독회를 연다.

단조로운 일상을 보낼 수 있는 능력

전염병이 만연하면서 방역이 더 강화되었다. 과거에도 전염병은 있었지만, 지금처럼 전 세계적으로 대유행은 처음이라 불안하다. 사회적 거리 두기는 물론 찻집에서 차 한 잔 마시는 것조차 금지되면서 하루하루가 조심스럽고 단조롭다.

가족 모임마저 중지하고 병원 가는 일을 제외하고는 외출을 자제하고 있다. 병원에 갈 때도 차를 가지고 가거나 대중교통을 이용할 때면 승객이 붐비지 않은 차를 골라 탄다. 위태로운 외출이다. 나 혼자 지내는 집이지만 자주 소독하고 하루에 여러 번 환기도 한다. 시간표에 따라 수업하듯 생활계획표를 짜 놓고 규칙적인 생활을 하고 있다. 책 읽다가 유리창 닦기, 글 쓰다가 화분 정리하기, 음악 듣다가 옷장 정리하기… 그래도 지루하면 팔다리 흔들고 굽히기를 반복하면서 이방 저 방 왔다 갔다 한다. 실내운동이다. 그러다가 힘이 들면 의자에 몸을 맡긴다. 깜박 잠이 든다. 하루가 답답하고 단조롭다.

오후에는 가면을 쓰듯 마스크를 쓰고 책 한 권 들고 불광천 길을 걷는다. 유일한 외출이다. 걷다가 생각이 떠오르면 적고 또 걷는다. 천천히 걷다가 팔을 흔들면서 빠른 걸음으로 걷는다. 단골 찻집에서 차도 마시고 책도 읽고 멍때리기도 하지만, 방역이 강화되면서 이 또한 옛일이 되었다. 타박타박 걷다 보면 그 길이 그 길 같고 풍경 또한 변함이 없는 것 같다. 어느 시인은 폭설을 만나 눈부신 고립을 느낀다지만 나는 역병이 만연한 도시의 개천을 걸으며 느끼는 고립에 낭만이 없다. 우울하다. 짚이는 게 있어 가깝게 지내는 정신과 의사와 상담하기로 했다.

상담한 뒤 "코로나 부르네요. 우선 규칙적인 운동과 생활을 하세요. 충분히 자고 명상 등으로 마음을 단단하게 다잡으세요. 온라인으로 가까운 분들과 교류하면 위로가 될 거예요. 다음엔 집안 환경을 바꿔보세요. 그러다 보면 좋아질 겁니다."라고 말해준다. 그의 조언에 따라 집안 환경을 바꾸고 현재를 잘 보내는 능력을 기르기로 했다.

우선 글 쓰는 방을 정리하기로 했다. 정년퇴직할 때 선물로 받은 책상은 너무 커서 자리만 차지하는 게 흠이다. 늦가을에 햇빛의 양이 줄어들면 나뭇잎을 떨어뜨리는 나무의 마음으로 그 책상을 처분하고 원목 책상을 들여놓았다. 행여 귀한 손님이 찾아오면 차를 마시는 차탁으로 사용해도 좋을 듯싶다. 책장도 증설해서 방바닥에 쌓아놓은 책들도 정리했다.

탁자도 들여놓고 책장도 증설했다 고장 난 라디오도 수리해서 서가 한 편에 두었다. 분위기가 확 바뀌었다. 글 쓰는 방에 머무는 시간이 길어졌다. 그래서 마음을 붙이며 보내는 단조로운 일상이지만 새롭게 느끼며 하루하루를 지낸다. 단조로운 일상을 보낼 수 있는 능력 기르기다.

나 또한 새롭게 단장한 글 쓰는 방에서 '하루를 온전히 하나에 집중하며 살다 보면' 단조로운 일상을, 전염병 시대를 살아낼 수 있지 않겠는가.

태고사太古寺 가는 길

올해 들어 처음으로 먼길을 나섰다.

연꽃이 아름다운 송광사에도 비가 내린다. 연잎이 빗물을 모아 땅으로 흘려보내는 절 앞을 우산을 쓰고 걷는다. 물안개가 자욱한 산골짜기에서 쏟아지는 물소리가 상쾌하다. 나무가 녹색 잎을 우산처럼 쓰고 있는 위로 비가 쏟아진다. 웅덩이에서 목을 축이던 날짐승은 하늘이 내리는 빗물로 자연 목욕한다. 세상에 비가 내린다.

자연은 자연과 더불어 사는 생명이 비가 오면 비를 맞고 눈이 내리면 눈을 맞고 햇살이 퍼지면 햇살을 쬐면서 자연스럽게 살아간다. 유독 인간만이 자연의 섭리를 거스르고 자연과 더불어 살아가는 생명들에게 해코지한다. 인간의 탐욕으로 지구가 더워지고 바이러스가 창궐하고 있다. 마스크를 쓰고 흩어져야 살아남을 수 있다. 되로 주고 말로 받는 세상이 되었다.

어둑어둑해진다. 서둘렀다. 대둔산 근처에서 하룻밤을 묵기로 했다. 야구장만큼 커 보이는 주차장에 여 나무 대가 주차해 있다. 건물 내 찻집도 기념품 가게도 식당도 문이 닫혀있다. 빈집 같다.

수런대는 소리에 눈을 떴다. 산새 소리다. 골짜기로 쏟아지는 물소리다. 소리를 좇아 밖으로 나왔다. 물안개가 자욱하다. 지척을 분간할 수 없다. 산새 소리가 물 쏟아지는 소리가 가득 퍼진다. 옷이 눅눅해진다. 차츰 눈앞이 훤해진다.

안개 속으로 차를 몰았다. 미등에 비치는 안개가 는개비처럼 쏟아진다. 산모롱이를 도는데 널판자에 '태고사 가는 길'이라고 붓으로 쓴 이정표가 보인다. 차를 멈추고 또 읽어봤다. 검색했다. "원효대사가 창건한 이 절은 경관이 너무도 빼어나서 "세세생생 도인이 끊어지지 아니하리라" 하며 3일 동안 춤을 추었다. 그리고 우암 송시열이 수학하면서 일주문처럼 드나드는 바위에 '石門'이라고 새겼다. '석문이 일주문인 절, 태고사 가는 길로 차를 돌렸다. 안개가 걷히고 햇살이 퍼진다. 나뭇잎에 맺혀있던 물방울이 반짝이며 쏟아진다.

차 한 대가 간신히 다닐 수 있는 구불구불한 외길이 산꼭대기를 향하여 뻗어있다. 숲이 어우러져 굴 길을 만들었다. 하늘은 맑은데 굴 길은 어둠침침하다. 계곡물 소리가 천둥을 친다. 천둥소리를 좇아 올라간다. 계곡물이 산길로 넘친다. 산길이 도랑이 되었다. 조심조심 올라갔다. 산모롱이를 돌 때면 오금이 저리다. 굽은 산길을 천천히 달렸다. 현대는 굽은 길을 부스고 직선으로 만들고 곡선이었던 집을 허물고 아파트를 지었다. 젖가슴 모양 봉긋한 산소 봉분 대신 사각형 봉안당을 지었다. 세상을 직선화했다.

주차장이 보인다. 반갑다. 차를 세웠다. 그러나 절은 더 가야 한다. 또 올라갔다. 십여 분쯤 올랐을 무렵 이정표가 보인다. 다 왔구나! 아니었다. 차는 다 왔지만, 지금부터는 사람이 올라야 할 차례다. 나무계단을 한참 올랐다. 바위가 앞을 막는다. 좁은 바위 사이로 돌계단이 보인다. 일주문이다. 송시열이 수학할 때 썼다는 '石門' 글자가 군데군데 마모되었다. 몸을 구부려 일주문에 들어선다. 눈앞이 확 트인다. 울창한 숲속에 절집 처마가 보인다. 적어도 1킬로미터는 더 올라야 할 것 같다. 갑자기 비가 쏟아진다. 우산을 폈다. 비바람에 뒤집힌다. 맨몸으로 올랐다.

몸이 천근만근이다. 빗물과 땀이 범벅이 되어 흐른다. 태고사 가는 길은 수도승처럼 도를 닦는 마음으로 올라가야 한다. 부드러운 눈으로 올라야 한다. 너그러운 마음으로 올라야 한다. 그래야 대웅전을 볼 수 있다.

바람이 분다

벌판에 바람이 분다.

그 벌판은 시화호가 생기기 전까지는 바다였다. 육지에서 소 울음소리가 들린다고 해서 우음도라고 불렀다. 그러나 물막이 공사가 끝난 후 뭍이 되었다. 인천국제공항을 끼고 돌면 무의도다. 무의도보다 실미도로 더 알려진 그 섬에 다리를 놓았다. 무의도도 우음도처럼 육지가 되었다. 섬 아닌 섬이 되었다. 사람들은 물을 막고 산을 깎아 육지를 만든다. 개발이라고 했다. 현대화라고 했다. 그곳에 살던 생명은 갈 곳을 잃고 헤매다가 사람 사는 곳까지 나타난다. 그래서인가. 전염병이 창궐하고 올해 번지는 병은 전염력이 강해서 마스크라는 가면을 쓰고 흩어져 살아야 목숨을 부지한다고 한다. 예방주사를 만들 생각만 하지 자연을 자연대로 둘 생각을 하지 않는다. 바다를 막은 너른 벌판에는 띠풀, 함초, 갈대가 뿌리를 내려 낯선 풍경을 만든다. 바람 부는 날엔 일렁이는 풀을 보러 우음도에 간다.

골무와 종소리

종을 모으고 있다.

벼룩시장이나 옛 물건을 취급하는 가게를 기웃거리고 나라 밖에 나가면 제일 먼저 종을 찾는다. 어렵사리 끌리는 종을 손에 넣으면 마음이 뜨거워진다. 만난 장소와 얽힌 사연 등을 적어 놓는다. 종의 이력이다. 이렇게 모은 것이 5, 60개가 된다.

원시시대부터 지금까지 인간의 가장 본능적인 행위중

하나가 수집이라고 한다. 일평생 특정 대상을 온 힘을 다해 모으는 사람들. 만물이 쉽게 쓰이고 버려지는 소비 만능시대를 살면서 한 가지 물건을 모으는 것은 자신의 가치를 지키는 숭고한 일이기도 하다.

일본의 미학자 야나기 무네요시는 〈수집 이야기〉라는 수필에서 '무언가를 심도 있게 수집한다는 것은 용이한 일이 아니다. 수집을 하기 위해서는 마음의 준비가 필요하다. 사람들은 물건을 가지고 수집을 생각하지만, 그 물건을 좌우하는 것은 인간의 마음이다. 어떤 대상을 향한 뜨거운 마음 없이는 수집이라는 행위자체가 불가능하다'고 말했다. 혼이 배어있지 않은 수집은 의미가 없다는 뜻으로 해석된다.

내가 고등학교에 다닐 때는 한국전쟁이 끝나고 폐허에서 재건사업이 벌어질 무렵이었다. 새벽에 교회 종소리를 듣고 일어나 신문을 배달하는 것으로 하루가 시작되었다. 교회는 주물로 만든 종 대신 탄피彈皮를 매달아 놓고 시간을 알리고 주민들은 그 소리에 맞춰 움직였다.

검정고시로 고등학교에 입학해서 그런지 영어 수학이 다른 과목에 비해 달렸다. 달리는 과목을 사교육으로 보충할 형편이 되지 못했다. 사교육은커녕 교회 종소리에 맞춰 일어나 신문을 배달하고 저녁이면 학생을 가르쳐야 했다. 새벽부터 밤늦도록 뛰다 보니 수업 시간이면 졸기 일쑤였다. 이런 사정을 알고 있는 선생님은 못 본 척했지만, 모르는 선생님은 꿀밤을 주기도 했다. 늘 잠이 부족했고 헛헛했다. 소원을 말하라면 고깃국에 흰쌀밥을 배불리 먹고 퍼질러 자는 것이라고 말했을 것 같다.

하루는 교회 종소리를 듣고 후다닥 일어나 신문사로 갔다. 불이 꺼져 있고 문도 잠겨있었다. 새벽이 아니라 자정을 알리는 종소리를 잠결에 잘못 알아듣고 달려갔었다. 검정 뿔테에 한쪽 다리는 굵은 실로 된 안경을 쓰고 손에는 골무를 끼고 삯바느질하던 어머니는 변소에 가서 오래 있었느냐면서 속이 불편하냐고 물으신다. 변소에 다녀온 줄 알고 있다. 대꾸도 하지 않고 자리에 누웠다. 그새 겨울바람이 문틈으로 들어와 남포등을 흔든다. 이불을 뒤집어썼다.

어머니와 나는 친척 집에서 더부살이하면서 삯바느질이 주 수입원이었다. 돋보기를 끼고도 바늘귀를 낄 때면 헛손질하며 이슥하도록 바느질하다 잠시 눈을 붙일 때면 나는 종소리 따라 신문을 배달했다. 그래도 조반석죽이 어려웠고 학교 월사금은 늘 밀렸다. 그렇지만 골무와 종소리는 모자의 생명의 끈이었다.

구독자를 모집하라고 신문을 여유 있게 주었다. 영업집이나 번듯한 집을 보면 신문을 밀어 넣었다. 내 구역에 여고생이 사는 집이 있었다. 먼발치에서 보았을 뿐인 그 여학생 집에도 넣었다. 신문을 읽기를 기대하면서. 어느 날 새벽에 신문을 넣는데 "넣지 말라는데 왜 넣었는가?" 호령하면서 신문뭉치가 내동댕이쳐지고 문이 닫혔다. 그때 여학생 방에 불이 켜지며 그림자가 어리었다. 사춘기 소년의 마음이 신문뭉치가 되어 내동댕이쳐졌다.

많은 세월이 흘렀다. 해가 설핏할 무렵 절 마당을 서성일 때 뎅~ 뎅~ 종소리가 울렸다. 귀에 익은 소리였다. 어디서 들었더라? 집으로 돌아가는 버스에서도 종소리가 들렸다. 눈을 감고 생각했다. 순간 교회 종소리 좇아 신문 배달하는 소년과 겹쳤다.

그 무렵부터 종을 모으기 시작했다. 뜨거운 마음이 없

이는 수집이 불가능하다는 야나기 무네요시의 말처럼, 종 모으기는 신문 배달하던 소년이 초로에 접어들어서야 시작되었다.

마음이 허전해지면 종이 있을 만한 곳을 기웃거리다가 귀인을 만나듯 마음이 닿는 종을 만나면 들고 온다. 몸은 식어 가는데 마음은 아직도 달구어진 채 오늘도 종소리 좇아 길을 나선다.

승강기 있는 집

나는 5층 건물 꼭대기 층에 살고 있다. 밖에 나갈 때는 52계단을 내려가야 하고 집에 들어올 때도 52계단을 올라야 한다. 운동한다는 마음으로 오르내리고 있지만, 관절이 불편한 아내는 힘들어한다.

아내는 큰애네 집에 있다가 주말이면 다녀간다. 한 번 오면 아들네 갈 때까지 문밖출입을 하지 않는다. 나갈 일도 없지만, 계단을 오르내리기가 힘들어서 그런다. 문밖출입할 때는 계단 난간 손잡이에 의지하는 것을 보아도 알 수 있다. 손자 녀석들이 다 자라서 돌아올 때도 됐건만 차일피일 미루는 이유 중 하나는 계단 오르내리는 것도 한몫하는 것 같다.

몇 년 사이에 아파트가 많이 오르고 전·월세마저 구하기가 힘들어서 서울 생활이 더욱 팍팍해졌다. 정부는 이의 대책으로 주택난을 해소하기 위해서 팔을 걷고 나선 것 같다. 이런저런 일로 내가 사는 동네도 재개발지역이 되어 아파트단지가 생긴다고 한다.

이런 소식을 전해 듣고 제일 반가워하는 사람은 아내다. 6, 7년 뒤면 신축아파트로 입주가 가능하다는 소식을 듣고 얼굴이 환해지며 주름이 펴지도록 활짝 웃는다. 우리도 승강기 있는 집에서 살게 되겠네? 라며. 한참 뒤에 시무룩해지면서 그때는 내 나이 구십이 넘네? 그때까지 살 수 있을는지 모르겠다고 한다. 나는 얼른 "당신은 건강하고 장모님도 백세 장수하셨으니 분명히 새 아파트에서 승강기 타고 외출할 테니 걱정하지 말아요."라고 위로해 주었다.

반디앤루니스 서점

'서점 반디앤루니스가 부도 처리돼 문을 닫았다. 1988년 설립된 반디앤루니스는 교보문고와 영풍문고에 이어 오프라인 서점 매출 기준으로 3위다.' 반디앤루니스가 약 1억 6천만여 원의 어음을 막지 못해 부도 처리되었다고 한다. 2002년에 종로서적 폐업의 충격이 되살아난다.

책 읽는 인구가 줄어들고 있다. 1년 동안 10명 중 4명은 책을 한 권도 읽지 않는다고 한다. 전철이나 버스를 타면 10명 중 8, 9명은 휴대폰을 검색하거나 기사를 읽고 있다. 대단한 읽기 열풍이다. 하지만 휴대폰으로 읽는 잡문을 독서로 볼 수 없다. 책 읽기는 책을 펴고 글 속으로 빠져들어 다른 세계를 경험하게 되고 성찰의 시간을 갖게 된다. 잡문으로 얻을 수 없는 소중한 경험이다.

반디앤루니스가 폐업하게 된 이유 중에 인터넷서점과 경쟁에서 밀린 것이 커다란 이유라고 한다. 인터넷으로 주문하면 무료로 배달해 주고 각종 할인 혜택이 주어지지만, 서점에 가서 책을 살 경우에는 시간과 경비가 더 들뿐더러 할인 혜택도 받지 못한다. 경쟁력에서 이길 수 없는 구조다. 그렇지만 책 한 권을 사기 위해 서점에 가서 고르고 펴보면서 군데군데 읽는 느낌과 책장을 넘길 때 풍겨오는 종이 냄새는 경험해 보지 않은 사람은 이해할 수 없을 것 같다.

두보의 시에 '남아 수독 오거서男兒 須讀 五車書'라는 말이 있다. 사람이 태어나 모름지기 다섯 수레 즉 3천 권의 책을 읽어야 한다는 뜻이다. 문·사·철 600이라는 말도 있다. 그 말은 문학책 300권, 역사책 200권, 철학책 100권을 30대가 가기 전에 읽기를 마쳐야 하며 이것이 힘이 든다면 일생을 통해서라도 반드시 마쳐야 한다는 뜻이다.

서점 반디앤루니스에는 '형설지공'이라는 뜻이 담겨 있다고 한다. 두보가 말한 책 3천 권이나 문·사·철 600권을 다 읽지는 못하더라도 서점을 들락거리며 책을 골라 읽고 또 읽으면서 반디앤루니스의 정신인 '형설지공'의 보람을 얻고자 한다. 그런데 갈수록 눈이 침침해지고 책 읽는 속도가 느려지니 안타깝기 이를 데 없다. 이 일을 어찌할거나.

비와 바람으로 짓는 집

유리 벽이나 투명방음벽에 돌진해 죽는 새가 하루에 2만 마리가 된다는 신문 기사를 읽었다. 충격적이다. 이를 방지하기 위하여 맹금류 붙임딱지를 붙여둔 방음벽을 볼 수 있다. 새로운 방음벽을 설치할 때는 일정한 간격의 무늬를 적용하여 조류 충돌 방지 조치를 의무화한다고 한다.

신문 기사를 읽고 조류 서적을 뒤적였다. 일부 새는 비바람 부는 날을 골라 둥지를 짓는다는 내용을 알게 되었다. 이는 악천후에도 튼실한 집을 짓기 위함이라고 한다.

언젠가 비바람 부는 날 시골길을 지날 때 집을 짓는 새를 본 적이 있다. 당시에는 무심히 지나쳤는데 조류 서적을 읽으면서 이해하게 되었다.

새는 비바람 부는 날을 골라 둥지를 짓는다. 멍청해서가 아니라 악천후에도 견딜 수 있는 튼실한 집을 짓기 위해서다. 사람들은 맑은 날만 골라지어서 그런지 높은 집도 맥없이 무너진다. 앞으로는 비바람 부는 날에도 비와 바람을 건축재료로 삼으면서 쉬지 않고 집을 지으면 무너지지 않으려나.

장미꽃 두 다발

장미꽃 두 다발을 주문했다.

노란 장미 55송이로 한 다발을, 빨간 장미 45송이로 또 한 다발을.

노란 장미꽃다발은 홀로 두 자식을 기르고 가르치며 정년을 맞는 그의 삶이 노란 장미의 꽃말처럼 '헌신적'이었으므로. 빨간 장미꽃다발은 태어나서 100년을 산다고 볼 때 남아있을 45년을 빨간 장미의 꽃말처럼 열정적으로 살기를 바라는 뜻에서다.

우리 집 큰아들이 지난 연말에 공직에서 정년퇴임을 했다. 내가 정년 퇴임한 지 엊그제 같은데 자식이 정년을 맞는다. 가족이 모이기로 했으나 코로나바이러스 환자가 증가하여 사적 모임이 축소되는 바람에 무산되었다. 다시 완화되어 오늘 만나기로 했다.

큰아들네 집 근처 식당 가는 길은 20여 년 가까이 수시로 다니던 길이다. 큰손자가 9살 때부터 다녔으니 눈을 감고 다녀도 훤할 정도다. 아이들 학교에 일이 있어도, 자전거가 고장이 나도, 병원에 갈 일이 생겨도 이 길로 다녔다. 아비는 젊은 나이에 홀로되어 어미 노릇까지 하느라 겨를이 없었고 우리 내외는 뒷바라지하느라 한눈팔 새도 없었다. 아내는 지금도 큰애네 집에 머물고 있다. 자동차에 작은 부속이 고장이 나도 덜컹거리며 굴러가지 못하는데 안주인의 빈자리가 두 집안을 흔들었다.

다들 모였다. 큰아들에게 헌신과 열정을 뜻하는 장미꽃 두 다발을 전했다. 아내는 '행운의 열쇠'를 전한다. 아이들이 대학에 들어가면 온다던 아내는 대학 졸업이 눈앞인데도 돌아올 생각을 하지 않는다. 어쩌면 큰아들이 행운의 열쇠로 행운의 문을 열기 전에는 돌아오지 못할 것 같다는 생각이 든다.

세종의 꿈 새겨진 最古 한글 금속 활자

'문화재청은 29일 서울 종로구 국립고궁박물관에서 기자 간담회를 열고 종로구 인사동 일대에서 한글 금속 활자 580여 점과 한자 금속 활자 1,000여 점을 공개했다. … 한자 금속 활자 중 최소 6점은 1434년에 만든 갑인자甲寅字로 추정된다. 추후 연구를 통해 1434년에 제작된 것이 최종 확인되면 세종 재위 기간(1414~1450)에 만들어진 금속 활자의 최초 실물이자 구텐베르크의 금속 활자보다 앞선 것이 된다.' 동아일보 기사다.

훈민정음 서문에서 말씀하신 바와 같이 나라의 말이 한자와 서로 통하지 아니하므로 새로 스물여덟 자를 만들어 세종 25년에 반포하셨다. 후학들이 어려움을 극복하고 널리 사용하던 중 여러 번 위기를 맞았지만, 특히 일제강점기를 맞아 위기에 직면하였었다. 그러나 조선어학회 같은 단체의 노력으로 우리말을 지켜냈다. 하지만 자신의 언어를 지켜내지 못한 나라들이 있다.

아일랜드는 1601년 영국과 전쟁에서 패한 뒤 영어를 공용어로 쓰게 되어 모국어를 지킬 수 없었다. 그 후 영국에서 독립하였지만, 국민 대다수가 모국어를 쓰는데, 어려움을 겪고 있다. 노르웨이도 1934년에 덴마크의 지배를 받으면서 덴마크어를 공용어로 쓰게 되었다. 그 후 독립하였지만, 아일랜드처럼 노르웨이어를 모국어로 쓰는데, 어려움을 겪고 있다. 다행히 우리나라는 주시경, 최현배를 비롯한 조선어학회 학자들의 노력으로 우리말의 맥이 끊기는 것을 막아내어 오늘에 이르게 되었으며 한글 금속 활자를 발굴하는 경사를 맞이하게 되었다.

여주에는 대왕을 모신 영릉이 있다. 광화문광장에는 동상이 있고 세종문화회관도 있다. 홍릉에는 세종대왕 기념관이 있는가 하면 도로와 도시 명칭에도 해군함정의 명칭에도 '세종'을 사용하며 기리고 있다.

그런데도 국립국어원이 외국어 사용횟수를 알아본 결과 98퍼센트가 외래어를 사용하고 있다고 응답했다. 그중에서 60퍼센트에 달하는 사람이 별 느낌 없이 사용한다고 한다. 어찌 보면 정부가 앞장서서 외래어를 사용하는 느낌이 든다. 캠코, 코카스, 코레일 등은 외국기업 같지만, 사실은 한국의 공기업이다. 이 밖에도 축제를 '페스티벌'로 정책을 '프로젝트'로 상징물을 '아이콘'으로 부른다. 소위 명사들이 티브이나 신문에서 대담할 때는 절정에 이른다. 사실을 '팩트'로 세계적인 대유행을 '팬데믹'으로 비대면을 '언택트'로 외래어를 섞어 쓰면서 유식함을 뽐낸다. 그런가 하면 나도 질세라 일상적인 대화에도 콩글리시라고 부르는 한국식 영어를 사용해야 축에 낄 수 있는 세상이다. 그제나 이제나 한글은 천덕꾸러기다.

국립국어원은 한국인을 더욱 한국인답게 만들어주는

우리글 한글 지킴이 역할을 묵묵히 하고 있다. 천만다행이다. 우리글 한글을 소중히 여기는 사람들이 늘었으면 한다. 일상생활을 가득 메운 외래어 대신 아름다운 우리글이 자리했으면 좋겠다. 그래서 구텐베르크보다 더 오래된 세종의 꿈이 새겨진 最古 금속 활자 발굴에 더욱 자부심을 느끼는 날을 고대한다.

아버지의 빚

엠. 티브이에서는 뉴스 시간에 2020 동경올림픽에서 금메달을 획득한 선수를 초대해서 대담하고 있다. 오늘은 남자 체조 도마 종목에서 금메달을 획득한 신재환 선수 차례다.

아나운서가 물었다.

"상금이 상당액 들어왔다고 해요. 어디에 쓰실 예정인가요?"

키가 작달막하고 앳돼 보이는 선수가 머뭇거리다 대답했다.

"… 집에 빚이 있어요. 아버지 빚 갚아드리고 나머지는 저금할래요."

"아버지의 빚을요? … 보기 드문 효자이네요."

아나운서는 아주 잠시 다음 질문을 잇지 못하고 머뭇거렸다.

왜 그랬을까? 한참 만에야 그 이유를 알 듯했다. 그래서 나도 먹먹해졌다.

2021년 8월 9일 코로나 19가 극성을 부리는 한여름의 일이다.

002

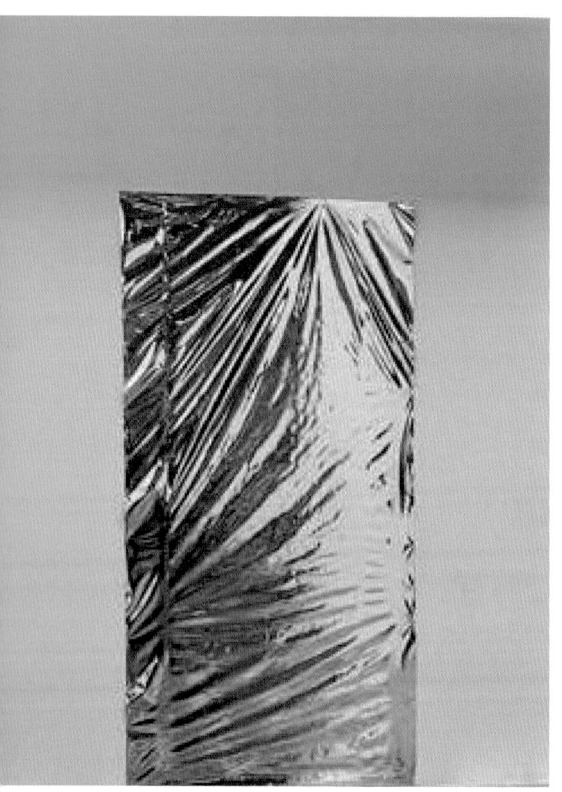

머물면서,
그 흔적을 찾아서

짐을 꾸린다

짐을 꾸린다.

어쩌면 짐을 싸고 푸는 일이 다시는 없을 것 같다.

나에게는 자식 셋이 있다. 그 자식들이 자식 넷을 낳았다. 눈에 넣어도 안 아픈 손자들이지만 그중에서도 장손 태석이에게 향한 마음이 내가 생각해도 지나칠 정도다.

자식들은 대놓고 말은 못 하지만 며느리들은 차별한다고 불만이 이만저만 아니다. "몇 달 지나면 돌아올 터인데 왜 가는지 모르겠다."라는 말도 흘려들으면서 떠날 준비를 한다.

떠나기로 작정하기가 쉽지 않았다. 그중 하나는 아내가 '오미크론' 후유증으로 피로감과 소화불량으로 고생하고 있다. 또 하나는 아직도 코로나 19에 전염되는 사람이 적지 않은 상태에서 먼길을 떠나는 데 대한 두려움이다. 이런 생각들을 접어두고 벼르고 벼르던 길을 떠나기로 작정했다.

태석이가 고등학교를 졸업하자마자 미술을 배우러 파리로 갔다. 낯선 땅에 머물면서 모든 것을 스스로 해결해야 했다. 방을 얻고 끼니를 해결하고 어학원을 다니는 일들을. 그중 제일 힘든 것은 이사할 때 혼자 짐을 싸고 3, 4층까지 옮기고 뒷정리하는 일이었다. 어학원에 다니면서 말을 익혀야 했다. 대학 입시 준비 학교에 다니면서 입시 준비도 해야 했다. 그런데 목표한 대학에 낙방하고 지방대학으로 갈 때 눈물이 저절로 났다. 울면서 이사하고 등록했다. 한국 학생은 한 명도 없었다. 섬에 갇힌 느낌이었다.

말도 서툴고 강의 시간에 교수의 말을 잘 알아들을 수

없고 물어볼 사람도 마땅치 않았다. 답답했다. 외로웠다. 그럴수록 목표했던 대학에 다시 도전하기 위해서 힘썼다. 시간을 내서 소리 내어 읽고 쓰고 그리기를 되풀이하면서. 이듬해에 다행스럽게도 목표한 대학교에 합격했다. 어느덧 8년이 흘렀다. 올해에 석사과정 졸업을 앞두고 작품 전시회가 열린다.

8년여의 노력의 결과인 작품을 전시하는데 아내의 건강이 코로나가 문제 되겠는가. 파리에 머물면서 해야 할 일정을 짰다. 파리에서 찾아갈 곳과 남프랑스에 있는 도시 중에서 둘러볼 곳을 빼고 넣으며. 아를은 우리가 갈 무렵에 세계사진전이 열리는 관계로 시내 호텔은 예약이 안 돼서 시외에 예약했다는 메일이 왔다.

녀석이 전철을 바꿔 타면서 학교 다니던 통학 길을 가보고, 장 폴 사르트르와 시몬 드 보부아르가 잠들어있는 몽파르나스 묘지도 가보고 반 고흐가 그림을 그리던 아를의 골목을 쏘다녀보고, 내가 흠모하던 그레이스 켈리가 잠들어있는 모나코 대성당을 가보는 상상을 했다. 들뜬 마음은 어느새 프랑스를 헤매고 있다.

문자가 왔다. 여자 친구가 동행하면 어떻겠냐는 내용

이다. 선뜻 대답이 나오지 않았다. 결국, 동행하기로 했다. 네 사람이 파리에서 남프랑스의 여러 도시를 방문하며 일어나는 일들을 또박또박 적기로 했다. '나의 체류기'에.

여권갱신

여권을 신청했다. 직원은

여권 기한은 5년으로 하겠다고 한다. 내 나이에 다섯을 보태보면서 가만히 있었다.

10년 전에 여권을 갱신할 때 일이다. 직원은 "5년은 금세 지나가니 10년으로 하라"고 권했다. 수수료도 더 싸다면서. 내 나이에 열을 더해봤다. 고개를 갸웃하면서 동의했다. 그때 직원의 말처럼 10년이 금세 지나가고 또 여권을 갱신할 때가 되었다. 그런데 오늘은 이런저런 말 없이 5년으로 결정하고 만다.

그렇다, 5년 뒤면 90살이되니 선택의 여지가 없을 것 같다. 그때는 이 세상에 있을지 저세상에 있을지 모르는 나이다. 한편 이해하면서도 서운하고 허전하다.

또 밖에 나갈 일이 있으면 갱신하면 되지 지레 걱정인가. 그래도 서운하기는 하다.

기댄다

루브르박물관에서 센 강을 가로질러 파리 6구에 접어들었다. 사방이 투명하다. 백내장 수술을 하고 처음 만나는 세상처럼. 감춰 놓은 마음도 드러날 듯한 맑은 세상 속으로 걸어간다. 보자르 양식건물이 나타난다. 태석이가 다니는 학교다.

교문 앞을 지날 때 환하게 웃으면서 다가오는 여학생이 있다. 태석이 여자 친구 정인이다. 순간 아래위를 훑

어보았다. 긴 머리다. 얼굴이 가름하다. 흰색 셔츠에 검정 긴치마를 입고 운동화를 신고 있다. 안도의 심호흡을 했다. 상의 실종과 하의실종 차림의 여성을 공항에서도 태석이 사는 동네에서도 조금 전 루브르박물관 앞에서도 보았다. 자기의 몸을 최대한 드러내는 사회에 시선을 둘 데가 없어서 당황스럽다. 정은이도 저러면 어쩌지(?) 걱정이 태산이었는데.

학교로 들어갔다. 350년 전에 설립되어 드가, 모네, 르누아르… 같은 화가를 배출한 학교다. 드로잉, 페인팅, 조각, 건축, 사진 등 여러 분야의 방을 둘러봤다. 고대에서 현대까지 45만여 점의 미술품을 소장하고 있는 이 학교는 두 개의 전시 공간과 출판사와 현대미술 도서관을 보유하고 있다. 태석이 작품이 전시되어있는 전시실에 가기 전에 계단을 오르내리면서 여러 방을 구경했다.

허리가 불편한 아내는 태석이가 부축하고 계단을 오른다. 뒤에서는 손자에 기댄 듯 보인다. 그런데 정인이가 보이지 않는다. 뒤를 돌아다봤다. 한 발짝 뒤에서 오고 있다. 앞으로 오라고 했다. 웃으면서 "아버지가 어른들하고 걸을 때는 한 발 뒤에 서라고."라고 했다고 한다.

아! 괜찮은 집안이구나. 우리 내외는 손자와 손자 여자 친구에 기댄 듯 의지하고 계단을 오르내리며 학교를 둘러보고 있다.

전시실로 갔다. 교수들로 구성된 평가단의 심사를 통과한 작품 30여 점이 전시되어있다. 주제는 시간과 공간을 형상화했다고 한다. 파리에 건너와서 8년을, 아니 27년간의 세월과 공간 속에서 느끼고 체험한 것을 작품화한 것 같다. 녀석을 어루만지듯 한 점 한 점 꼼꼼히 들여다본다.

정인이는 "태석이가 두 달이 넘도록 외출도 하지 않고 밤늦도록 작품을 만들었어요. 애, 많이 썼어요."라면서 태석이에게 신뢰의 눈빛을 보낸다. 두 사람의 눈이 마주친다. 철저히 고립된 공간에서 인고의 시간을 거쳐 만들어진 작품을 보고 또 본다.

교문을 나섰다. 점심은 프랑스식으로 하자고 한다. 네 사람은 서로에게 마음을 기대면서 식당을 향하여 걸었다. 하늘이 맑다.

나를 홀렸던 사람들

몽파르나스 묘지

죽음을 피할 수는 없지만, 미래의 일로 미루고 싶은 것이 산자의 마음일 것 같다. 장 폴 사르트르(1905-1980)와 시몬 드 보부아르(1908-1986)가 잠들고 있는 몽파르나스는 잘 구획된 길을 따라 묘지로 가득하다. 묘지 사잇길로 사람들이 한가하게 거닐거나 앉아 있거나 책을 읽고 있다. 공원 같은 분위기다. 정문에서 좌측으로 몇 발짝 걸으면 그들의 묘지가 있다.

비석에는 두 사람의 이름만 새겨져 있을 뿐 비문도 없다. 평범하고 단순하다. 자그마한 석단 위에 꽃다발 하나와 장미 몇 송이가 놓여있다. 꽃이 싱그러운 걸 보니 누가 다녀간 지 얼마 안 된 것 같다. 지하철표에 돌멩이를 얹어놓았고 석단 아래에는 초 두 자루가 놓여있다. 쪽지에 '모든 인간은 죽지만 저술은 영원하다'라고 쓰여있다고 태석이가 번역해 준다. 묘지는 쓸쓸하지만 그들의 삶과 저술한 책과 정신이 살아있음을 증언하고 있다. 9살부터 녀석의 손을 잡고 학원으로 학교로… 다니면서 교육했는데 지금은 녀석이 내 손을 잡고 길을 안내하며 프랑스어를 번역해 준다.

사르트르는 프랑스 실존주의 사상을 대표하는 작가이자 철학자다. 아내인 시몬 드 보부아르와의 계약 결혼으로 유명하며 부부관계 이외에도 학문적 동반자로서 더 알려졌다. 자신의 어린 시절부터 열한 살 때까지의 삶을 그려낸 자서전《말》을 발표하고 그해 노벨문학상 수상자로 선정되었으나 수상을 거절한 것으로 유명하다.

《존재와 무》를 통해서 그를 알게 되었다. 한국은 1960년에 4·19혁명이 일어났고 그 이듬해 5·16군사정변이 일어났을 때 나는 낮에는 공무원 신분이었고 밤에는 야간대학생이었다. 실존주의라는 말만 들어도 마음이 흔들리던 시절이었다. 그럴 때는 실존주의와 부조리를 생각하면서 마음을 달랬다. 군사 정변의 주역들이 '사회정화 운동'에 열을 올릴 때 일이다. 공무원이나 대학생은 병역이 보류되었으나 경찰관의 불심검문에 적령기가 지났음에도 군에 입대하지 않았다는 이유로 트럭에 실려 논산훈련소로 이송되었다. 행방이 묘연해진 자식이 한 달 후에 옷이 배달되자 어머니는 옷을 끌어 안고 "내 새끼가 살아있었구나"라며 대성통곡했다.

사르트르는 '반공주의자는 개다. 나는 이 생각을 바꾸지 않을 것이다'라는 어록을 남길 때 나는 '반공을 국시로 하는' 대한민국에서 육군 이등병으로 '혁명 공약'을 외우며 북녘에 총을 겨누고 있었다.

그들이 계약 결혼을 하고 학문적 동지로 지평을 넓혀 나갈 때 내가 좋아하는 여학생이 식당 집 딸이라는 이유로 어머니의 반대에 부딪혔다. 결국은 중매결혼을 하여 건조한 삶을 살면서 간간이 그들의 소식을 들을 때마다 별나라에서 일어나는 듯한 착각에 빠지곤 했다.

장 폴 사르트르와 시몬 드 보부아르의 부음을 듣고 서가에 꽂혀있는 책을 읽으며 조의를 표했다. 흐르는 세월 속에서 자식을 낳고 그 자식이 또 자식을 낳았다. 그 중 큰 손자가 사르트르와 보부아르가 살던 파리로 유학을 떠났다. 8년이라는 마딘 세월이 흐르고 올해 대학원을 졸업하게 되었다. 손자 녀석의 졸업 작품발표회가 열리는 오늘, 나는 전시회를 보러 파리에 와 있다.

오늘 손자 녀석과 녀석의 여자 친구와 프랑스식으로 점심을 맛나게 먹고 몽파르나스 묘지를 찾아왔다. 그들의 존재를 안 지 60여 년이 흐른 뒤 늙은이가 되어 손자 녀석의 안내를 받으며 그들이 묻혀있는 묘지 앞에서 두 손을 모은다. 감회가 새롭다.

루르마랭 가는 길

아를에서 엑상프로방스로 가는 길이다. 세잔이 있고 분수가 물을 뿜어대는 아름다운 도시를 만나는 것도 좋지만 40여 킬로미터 떨어진 루르마랭에 있는 알베르 카뮈(1913-1960)의 묘지를 가고 싶은 마음이 더 크다. 그런데 아를에서 마르세유까지는 잘 왔는데 철도 파업으로 액상프로방스 가는 기차가 언제 떠날지 모른다고 태석이가 전한다. 마르세유역에서

발이 묶이고 말았다.

알베르 카뮈는 프랑스 식민지 알제리에서 프랑스계 알제리 이민자로 태어났다. 어머니는 스페인인으로 문맹이었으며 청각장애였다. 그는 스페인을 좋아했으며 어머니를 무척 사랑했다. 가난한 어린 시절을 보내고 대학에 다니면서도 가정교사, 자동차 수리공 등으로 돈을 벌어야 했지만, 폐결핵으로 중퇴했다. 이 시기에 평생의 스승인 철학자이자 작가인 장 그르니에(1898-1971)를 만나 작가로 성공하는 데 큰 도움을 받는다.

그의 대표작《이방인》의 주인공 뫼르소는 과거나 현재나 행복하다고 느끼는 기성의 가치는 무의미하다고 생각하며 부조리의식을 끝까지 지켜나간다. 현실에서 소외되어 이방인으로 살아가는 현대인의 초상을 그린 작품이다. 그의 나이 44세 되던 해인 1957년에 노벨문학상을 받았지만, 프랑스 문단에서는 국외자였으며 늘 나그네처럼 떠돌았다.

나는 고등학교 시절에 이방인을 읽고 실존주의와 부조리라는 말을 처음 들었다. 우리 사회는 독재와 부조리가 판치는 사회였다. 카뮈가 이런 사회를 상상하며 이

소설을 썼을 것이라고 믿으며 그의 사상에 빠져들었다. 카뮈의 어린 시절보다 더 가난했던 나는 불만이 이만저만이 아니었다. 그때 장 폴 사르트르와 알베르 카뮈가 말하는 실존주의와 부조리라는 말만 들어도 위로가 되었다. 그런 그가 자동차 사고로 세상을 떠났을 때 내가 사는 세상이나 그가 사는 세상이나 부조리한 것은 마찬가지라면서 그의 죽음을 애도했다. 나에게 카뮈는 체한 것처럼 늘 체기를 느끼게 하는 존재였다. 나는 지금도 속이 더부룩하다.

엑상프로방스에서 40킬로미터를 가면 알베르 카뮈가 잠들어있는 루르마랭 공동묘지다. 서울에서 파리를 거처 마르세유까지 1,919킬로미터를 날아왔다. 그의 묘지가 지척인데 철도 파업으로 루르마랭 가는 길은 가지 못하는 길이 되고 말았다.

니스로 가는 기차에서 《이방인》을 읽고 있다. 이 또한 부조리한 것 같다.

모나코 성 니콜라스 대성당

니스에서 모나코 가는 기차를 탔다. 앉을 자리가 없다. 옆에 앉은 젊은이가 아내에게 자리를 양보한다. 내가 손을 들어 고마움을 표시했다. 앞자리에 앉은 여성이 나에게도 자리를 양보한다. 또 손을 들어 인사를 했다. 20여 분이 채 지나지 않아 모나코 역에 도착했다.

모나코는 인구가 3만 5천여 명인 우리나라로 치면 한

개 동에 해당하는 아주 작은 나라다. 내가 성 니콜라스 성당을 찾아가는 이유는 그레이스 켈리(1929-1982)를 만나기 위해서다.

그는 1950년대 특유의 우아하고 기품 있는 외모, 세련된 차림으로 당대에 활동했던 오드리 헵번, 마릴린 먼로, 엘리자베스 테일러 중 한 사람이었다. 5년 남짓 활동하다가 모나코 공비가 되면서 은퇴했다. 짧은 배우 생활로 그에 대해 아쉬움이 컸다.

그가 활동하던 1950년대 한국은 6·25전쟁을 겪었고 세계 최빈국에서 경제발전에 총력을 경주하던 시기였다. 나는 그때 청소년기를 보냈다. 나라도 가난했고 우리 집은 나라보다 더 가난했다. 신문 배달과 잡일을 하면서 학교에 다녔다. 배달하고 남는 신문을 읽었다. 신문에서 연예계 기사를 읽고 선망하는 그레이스 켈리의 기사나 사진이 실리면 오려서 벽에 붙여놓고 보고 또 보면서 지냈다. 그 무렵 신문사에서 극장표 한 장을 주었다. 극장에서는 그레이스 켈리가 나오는 '상류사회'를 상연하고 있었다. 그런데 '청소년 입장 불가' 영화였다. 단속반에 걸릴 것을 각오하고 사복으로 변장하고 들어가 두 번을 보고서야 나왔다. 며칠은 그가 어른거렸다.

미군이 던져주는 과자봉지를 주워 먹던 소년이 미국이 원조하는 안남미 쌀을 먹고 허기를 메우며 밀려오는 신시대의 물결에 허우적거릴 때, 혜성처럼 빛났던 그 배우는 나의 우상이자 위로였다. 모나코 공비가 되어 영화로도 만날 수 없게 되어 더 안타까웠다. 내가 성인이 되었을 때 그가 자동차 사고로 세상을 떠났다는 부음을 들었다.

그를 까맣게 잊고 살았다. 그리고 세월이 아주 많이 흘렀다. 청년이 노인이 되어서야 남프랑스를 둘러볼 기회가 생겨서 여행계획을 짤 때 불쑥 그가 생각났다. 모나코행은 이렇게 결정되었다. 그랬었구나! 내가 곤궁하던 청소년 시절에 그의 사진 한 장이, 눈부신 미모가 위안이며 위로였는데.

성 니콜라스 대성당에서 그의 무덤을 향하여 합장하며 고개를 깊이 숙였다. 감개무량하다.

자유시간

쉬다 걷다, 하지만 하루에 2만여 보를 걷는 것은 힘든 일이다. 특히 평소에도 보행이 여의치 못한 아내에게는 무리한 일정이다. 그래서 내일 아침 한나절은 자유시간을 갖기로 했다. 우리에게 자유시간은 걷기를 멈추는 시간이다.

눈을 떴다. 10시가 넘었다. 커튼을 열고 밖을 내다봤다. 가게 문이 닫혀있는 집이 더 많고 인적이 뜸하다. 밤늦도록 어둠을 탐하던 피서객은 일어나기 전인 듯하다. 니스의 아침은 점심때쯤 되어야 시작되는 것 같다.

샌드위치와 과일주스로 아침을 먹고 밖으로 나왔다. 호텔 휴게실도 적막하다. 바다가 보이는 창가에 앉아 밖을 내다보고 있는데 아내가 두리번거리며 나를 찾는다. 같이 앉아 따뜻한 아메리카노를 주문했다. 목을 축이듯 조금씩 마시며 시간을 보냈다. 따뜻한 찻물이 미지근해지더니 지금은 냉차가 되었다. 서울에서도 한여름에 따듯한 차를 주문해서 냉차가 되도록 천천히 마셨는데. 이제는 습관이 된 것 같다.

호텔 문이 열리며 태석이와 정인이가 들어온다. 해변에 다녀온다며 점심을 먹으러 가자고 한다. 어느새 점심때가 되었나 보다. 자리에서 일어났다.

한나절의 자유시간은 이렇게 끝났다.

프로방스, 지중해의 화가들

19세기와 20세기를 살던 화가들이 왜 프로방스에 모여들었을까? 찬란한 햇빛과 지중해로 부는 바람이 말끔히 씻어낸 수려한 프로방스 날씨와 빛의 채광과 선명함이라고 했다.

남프랑스를 둘러보는 일정을 짤 때 반 고흐와 폴 세잔과 르누아르를 보고 싶다고 문자를 보냈다. 태석이는 니스 근처에 마르크 샤갈과 앙리 마티스 미술관이 있으니 같이 보자는 문자가 왔다. 그렇게 하자고 했다.

르누아르의 집

니스에서 택시를 탔다.

7번 국도를 따라 13킬로미터쯤 가다가 우회전해서 가노라면 오른쪽 언덕배기에 담 너머로 올리브밭이 보인다. 큰 대문을 들어서자 고목이 다된 올리브나무가 군락을 이루고 있다. 밭 가운데로 난 길을 한참 걷다 보면 농가가 보이고 오른쪽으로 흰색 이 층 집이 있다. 르누아르(1841~1919)의 집이다. 내가 르누아르를 좋아하게 된 것은 태석이가 다니는 대학을 다녔다는 인연과 2018년에 서울에서 '르누아르 여인의 향기 展'을 본 뒤부터였다.

르누아르는 화실과 셋집을 자주 옮겨 다니는 떠돌이 기질의 화가였다. 파리에서도 50여 년을 떠돌이로 살다가 아내의 강권에 이끌려 67세 되던 해에 이곳에 집을 샀다. 넓은 대지에 오래된 올리브나무가 군락을 이루고 있는 것에 매료되어 산 것이다. 숲속에 있는 농가 한 채로는 비좁아 근처에 자연과 조화를 이루도록 지은 소박한 집이었다.

수백 년을 묵은 듯 아름드리로 뒤틀린 올리브나무 밑둥치는 신과도 같은 인상을 풍긴다. 녹색과 회색의 잎사귀들이 끝없이 펼쳐진다. 그 나무 밑에서 담소를 나누는 사람, 누워서 잎사귀 사이로 빛나는 맑은 하늘을 바라보는 사람들로 더욱 그윽한 풍광을 이룬다. 액상프로방스 대학교를 졸업한 김화영 교수는 재학 시절에 가끔 와서 낮잠을 즐겼다고 한다.

르누아르는 '그림은 즐겁고 유쾌하고 아름다운 것이어야 한다.'라는 신념으로 화려한 빛과 색채의 조합을 통해 5천여 점의 작품을 남겼다. 이 가운데 2천여 점이 여성을 주제로 그린 인물화다. 그 가운데 '목욕하는 여자들'은 예술가의 집념을 송두리째 투영시킨 유서와도 같은 작품이다. 대표작이 된 이 작품을 국가에 기증했고 지금은 파리 오르세 미술관에 소장되어있다. 대자연 속의 '목욕하는 여자들'은 그의 필생의 주제였다. 르누아르는 누드화를 그릴 때 누구나 그 그림을 만지고 싶도록 사실적으로 그렸다. 여인의 육체에 심취했던 그는 "만일 여인의 유방과 엉덩이가 없었더라면 나는 그림을 그리지 않았을 것이다"라는 유명한 말을 남기기도 했다.

그는 말년에 우울증으로 힘들어했다. 손의 떨림을 막기 위해 헝겊을 손 사이에 말아 넣고 그사이에 붓을 끼워 고정한 채 그림을 그렸다. 그래도 그림 그리기를 멈추지 않았다. 오랜 친구는 "너무 고통스러웠기 때문에 그림을 그릴 수밖에 없었을지도 모른다."라고 말했다. 아름다운 그림을 그림으로써 고통을 뛰어넘고자 했던 것 같다.

태석이도 어린 나이에 그리움과 원망의 시간을 보내다가 우울증을 앓게 되었다. 언제쯤 완치되겠느냐고 의사에게 물었다. 정신병은 쉽게 낫는 것은 아니라면서 성인이 되어서 사랑을 하면 서서히 낳게 될 것이라고 말했다. 그의 말에 실망하면서 무거운 세월을 조심스럽게 보냈다. 녀석이 파리에 건너가 그림 공부하면서 밝아지기 시작했다. 미술이 치료역할을 한 것 같다.

여자 친구를 사귄다는 소식을 들었다. 그 소식을 듣자 의사의 말이 떠올랐다. 다행이었다. 한편 공부에 지장이 있으면 어쩌나 하는 걱정이지만 어찌할 도리가 없었다. 다행스럽게도 한 번도 유급하지 않고 졸업을 앞두고 있다. 할아비가 잡아주었던 손을 지금은 녀석이 할아비 손을 잡고 남프랑스를 둘러보고 있다. 녀석은 우울의 시간을 스스로 극복한 것이다. 이제는 녀석을 놓아주고 할아비의 자리로 돌아가야 할 때인 것 같다.

본 다빈치 도록《르누아르, 여인의 향기 전》에 "르누아르는 인생이 우울하기 때문에 그림만큼이라도 밝아야 한다고 생각했다. 그의 작품 속에는 누구도 불행하거나 슬프지 않다. 아름답고 행복하다. 모두가 각자의 자리에서 행복하고 기뻐하는 세상, 르누아르는 그런 세상을 꿈꾸었고, 그런 그림을 그리고 싶어 했다"라고 썼다.

사람들은 자신의 도화지에 우울함을 밝음으로 절망을 희망으로 그리는 사람들이 많았으면 좋겠다. 르누아르처럼. 아니, 우리 태석이처럼.

폴 세잔 화실에서

남프랑스의 항구도시 마르세유 역에서 엑상프로방스 가는 기차를 기다린다. 철도 파업으로 언제 떠날지 기약할 수 없는 기차를. 엑상프로방스에 가는 이유는 폴 세잔(1839-1906)의 화실을 들러보고 60여 킬로미터 떨어진 곳에 있는 알베르 카뮈의 묘지를 가기 위해서다. 늦은 밤에야 기차가 움직이기 시작했다. 기관사가 호루라기를 불면 기차가 움직이고 장애물이 발견되면 줄을 잡아당겨 기적을 울린다.

프랑스에는 호루라기를 불어야 떠나는 기차가 있는가 하면 테제베 같은 고속열차도 있다. 표를 끊고 전철을 타기도 하고 우리처럼 카드를 사용하기도 한다. 다양성이 존재하는 사회다. 사회제도가 역사 교과서 같다.

폴 세잔은 아버지의 반대에도 파리에서 미술 공부를 했다. 비록 생전에는 인정받지 못했지만, 사후에는 화가들의 스승이 되었다. 그림을 그리면서도 우울증과 자괴감에 고통받았고 미술계에서도 대접받지 못하면서 파리에서 고통스러운 생활을 하던 그에게 고향은 없는듯하지만 모든 것이 있었다.

폴 세잔의 화실은 저택이었다. 그가 죽기 5년 전인 1901년에 언덕배기에 있는 반 헥타르가 더 되는 올리브나무, 아몬드나무, 벚나무들이 숲을 이루고 있는 토지를 사들였다. 르누아르처럼 나무가 좋아 그 땅을 샀다. 깊은 푸름과 맑음이 가득한 액상프로방스에는 세잔의 향기가 가득하다. 황량했던 언덕배기가 지금은 가장 즐겨 찾는 명소가 되었다.

1906년 친구에게 편지를 썼다. "나는 늙고 병들었소.

그러나 여기서 그림을 그리다 쓰러져 죽기로 했소." 그 해 10월에 그림을 그리다 찬비를 맞고 쓰러진 그가 수레에 실려 왔다. 이튿날 아침 눈을 뜨자 보리수나무 아래서 정원사 발리에의 그리다 만 초상화를 손질하다가 또 자리에 눕고 말았다. 그로부터 며칠 뒤 67세의 세잔은 파리에 사는 아내와 아들이 전보를 받고 도착하기 전에 눈을 감았다. 현대회화의 아버지는 붓을 든 채 쓰러진 고독한 순교자였다. 그렇게 보리수나무 아래서 손질한 발리에의 초상은 마지막 유작이 되고 말았다.

2층 화실에서는 그의 작품을 설명하고 있다. 세잔의 정물화 속에 늘 등장하는 사과 그림 앞에서 긴 설명을 한다. "세잔이 학교에서 시달림을 받는 친구를 보호해 주었다. 그 소년이 바로 소설가 에밀 졸라였다. 그의 어머니는 감사의 뜻으로 세잔의 집에 사과, 한 바구니를 보냈다. 세잔의 정물화 속에서 늘 등장하는 사과는 이처럼 두 친구 사이의 우정이 싹트게 되는 출발점이었다." 프랑스인의 설명을 태석이와 정인이가 번갈아 가며 통역해 준다. 나와 아내는 귀로는 듣고 눈으로는 그림을 본다. 하나에서 열까지 두 사람의 도움을 받으면서 남프랑스를 둘러보는 호사를 누린다.

창문을 통해 들어오는 맑은 햇살이 눈이 부시다. 햇살 속을 걸어 밖으로 나왔다. 문득 반 고흐가 생각난다. 세잔이나 르누아르처럼 19세기를 살았던 많은 예술가가 정신질환을 앓았지만, 이를 극복하고 그림을 그리면서 자신의 영역을 확보했다. 반 고흐는 이를 극복하지 못하고 스스로 목숨을 끊어야 했다. 사후에는 최고의 작가가 되었지만, 살아서는 그림 한 점밖에 팔지 못한 굴곡진 짧은 삶이 너무나 안타깝다. 그래서 나는 그의 주변을 맴돌고 있는지도 모를 일이다. 아를을 떠나면서 이제는 그를 내려놓겠다고 다짐했건만 또 그를 생각하며 언짢아하는 나다.

세잔이 걸었을 4, 5백 년이 넘은 보리수나무 숲속 길로 들어섰다. 보리수 향기가 나를 폭 감싸준다.

반 고흐, 너도 미쳐라

이생진 시인의 시집《반 고흐, '너도 미쳐라'》를 들고 파리 리옹 역에서 아를 가는 기차를 탔다. 태석이의 안내를 받으며 오베르 쉬르 우아즈를 다녀온 지 6년 만에 아를에 가고다. 그때나 이때나 고흐를 만나기 위해서다.

파리를 떠난 지 1시간이 지났는데도 창밖 풍경은 여전히 평평한 평야다. 푸르른 밀밭이, 수확을 마친 빈 벌판이, 두세 채의 집들이 가끔 스칠 뿐이다. 건초더미가 널려있는 들판에 가축들이 풀을 뜯고 있는 목가적인 풍광이 평화롭다. 이생진 시인의 시집을 돌아가면서 읽으며 아를로 가고 있다.

정인이가 하는 말이 "파리에 오면서 엄마와 두 가지 약속했어요. 하나는 매일 문자 보낼 것과 또 하나는 남자친구를 사귀는 것은 알아서 하되 우리 집에는 이혼이란 없다는 것을 명심하라"라는 내용이었다. 이어서 자신은 1993년 5월 24일생이라며 태석이보다 3살 위라고 한다. 신상身上을 소상히 밝힌다. 정체성을 조금 알게 되어 믿음이 간다. 특히 정인이 어머니의 가르침이 마음을 건드린다. 태석이를 어떻게 만났느냐고 물었다. 대학에서 한 학기 동안 실습하는데 같은 공방에서 알게 되었다고 한다. 이런저런 이야기를 나누다가 4시간이 훌쩍 지났다. 다음이 아를역이다.

반 고흐는 35살 되던 해인 1888년 2월 눈 내리는 날 아를에 왔었다. 그로부터 134년이 지난 뒤 나는 그의 흔적을 좇아 아를역에 도착했다. 코로나 19가 창궐하는 환란의 시기에 마스크를 쓰고.

스위스의 론 빙하에서 시작되는 론강은 프랑스 동남부를 거쳐 지중해로 흘러가기 전에 아를 시내를 가로질러 흐른다. 로마제국의 속국이던 때의 고대 로마 문화가 그대로 남아있다. 중세문화의 찬란함이 숨 쉬고 유럽의 예술가들이 사랑했던 도시를 걷는다. 햇빛이 적은 네덜란드 출신 고흐가 찾아왔을 때처럼 아를은 여전히 많은 색과 빛을 담고 있는 눈부신 도시다.

한강처럼 아를을 가로지르는 론강은 지중해로 흐르고 산책로에는 젊은 연인들이 찬란한 햇빛을 받으며 느리게 걷고 있다. 방파제에는 고흐의 그림 '별이 빛나는 밤'이 걸려있다. 고흐가 여기서 그림을 그렸다는 해설문을 정인이가 읽어준다.

론강을 지나 노란 집을 향해 걸었다. 그 집은 1차 세계대전 때 파괴된 뒤에 그 자리에 현대식 건물이 들어섰다. 표지판 앞에서 노란 집을 바라다보며 백여 년 전의 일들을 상상해 본다.

고흐가 고갱과 격렬하게 다툰 뒤 고갱은 파리로 떠나고 고흐는 칼로 귀를 베고 병원으로 실려 간다. 고흐에게 노란 집을 소개해 주었고 이사할 때도 짐을 보관해

주었던 지누 부인이 길거리를 서성거린다. 모델료가 없어서 늙은 창녀 시엔을 모델로 그림을 그리는 고흐의 그림자가 어른거린다. 시엔과 동거하면서 그린 '슬픔'을 걸어놓고 '나는 시엔을 버릴 수가 없어. 하지만 시엔 때문에 아버지를 버렸고 화가들과 헤어졌고 화단에서도 버림받았지!' 고흐의 독백이 들리는 듯하다. 그 소리를 뒤로하고 걷는다. 2007년 서울시립미술관에서 '반 고흐전"에서 보았던 그림들을 짜 맞추기 놀이하듯 그림을 그렸던 현장과 맞추면서 걷는다. 하루에 2만 보 안팎을 걷다 보니 아내는 정인에 의지하여 끌려다니듯 걷다 쉬다 한다. 햇볕은 숨이 막히는데 그늘은 뽀송뽀송해서 다행이다.

번듯한 집이 나타나면 걸음을 멈추고 기웃거린다. 기세 박사의 집인가 해서다. 기세 박사는 고흐의 그림을 좋아했으나 가난에 시달리는 그의 그림을 사지 않는다. 거저 얻으려는 얌체다. 그래도 '기세 박사의 초상'을 그려주고 '피아노 치는 마르그리트'를 그려준다. 그의 저택에 초대받은 반 고흐. 스물한 살 된 기세 박사의 딸 마르그리트가 치는 피아노 소리에 빠져버리는 그다. 그렇게 순수하다.

고흐가 입원했던 정신병원은 원형을 보존한 채 문화센터로 운영하고 있다. 원형 잔디밭도 그대로다. 이생진 시인은 노란 목도리를 두르고 고흐가 즐겨 마시던 압생트 잔을 들고 '나는 지금 고흐를 할래요 / 고흐는 순간순간 하고 싶은 것이 많았어요 / 사이프러스를 보면 사이프러스를 그리고 싶고 / 술을 보면 술을 마시고 싶고/여자를 보면 여자를 안고 싶고/순간순간 하고 싶은 것이 많았어요' 인사동에서 행위예술을 하듯 자작시를 낭송하던 노시인이 떠오른다.

고흐가 '밤의 카페테라스'를 그렸던 그 집은 '카페 반 고흐'로 성업 중이다. 음식값이 두 배나 비싸다고 태석이가 고개를 가로젓는다.

도시 곳곳에는 고대 중세의 유적과 함께 고흐의 흔적이 남아있다. 햇빛과 색채와 향기를 쫓아왔고, 15개월을 머물면서 생에 가장 아름다운 그림 2백여 점을 그렸던 고흐.

이틀 동안 골목을 쏘다니며 흔적을 찾아다녔고 6년 전에는 무덤에도 다녀왔다. 그에 관한 전시회는 빠지지 않았고 책들도 사들였다. 이때까지는 주관적으로 보아왔던 고흐를 객관적으로 볼 수 있을 것 같다. 마음이 홀가분하다.

아를 역이다. 찬란한 햇빛에 눈이 부시다.

돌아갈 수 있겠구나

프랑스에 머무는 동안 내내 마스크를 쓰고 지냈다. 길에서도 전철이나 버스에서도 심지어는 비행기 안에서도 눈을 씻고 봐도 쓴 사람이 없는데도. 햇살이 강렬한 남프랑스에 머물 때는 땀에 젖은 마스크를 새것으로 바꿔 쓰기도 했다.

왜 이렇게 마스크에 집착할까. 안전하게 돌아가기 위해서다. 여행은 떠난 자리로 되돌아가기 위한 발걸음이라고 했다. 돌아가기 위해 고집스럽게 마스크를 쓰고 다녔다. 마스크는 귀국 보증서였다.

오늘 저녁이면 돌아가야 한다. 아침 일찍 약국에서 항원 검사를 받았다. 검사 결과를 기다리며 방정맞은 생각도 하면서 마음을 졸였다. 태석이가 결과지를 들고 싱긋 웃으며 말한다. "음성이에요"라고.

아, 돌아갈 수 있구나! 감사합니다.

003

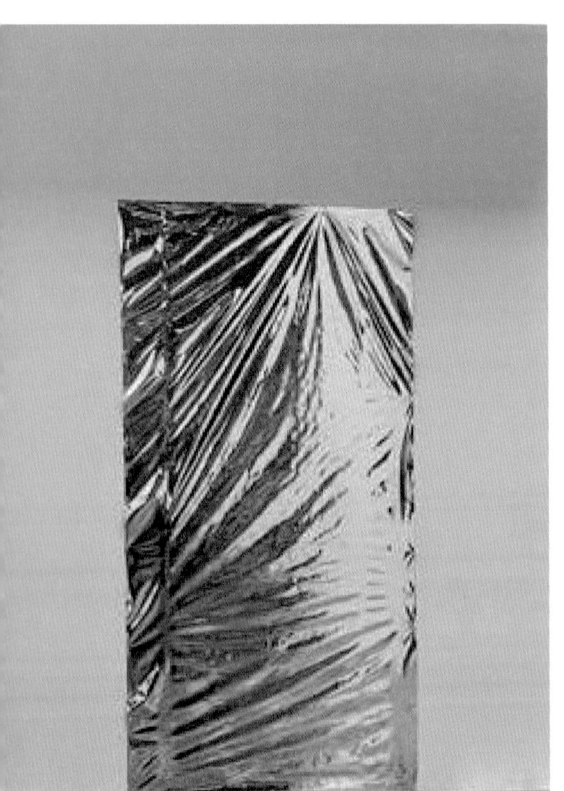

나도 고장 나고 싶을 때가 있다

베이스캠프

원정대원들은 세계 최고봉 에베레스트를 오르기 위해 베이스캠프에 텐트를 치고 빙하를 따라서 오르며 정상을 향한다. 베이스캠프는 하루를 쉬어가는 목적이 아니라 그 위치로부터 등반하고 다시 복귀하고 좀 더 높이 등반하고 복귀하는 역할을 한다. 이와 같은 등반을 여러 번 반복하면서 결국은 정상에 도달할 수 있는 것이다. 높은 산에서 두통과 피로와

졸음 등과 싸우며 오르고 내려옴을 반복해야만 정상에 오를 수 있다.

인생이란 등반도 녹록지 않다. 에베레스트산을 오르기보다 절대 쉽지 않다. 어쩌면 더 지루하고 힘들지도 모른다. 그래서 끝없는 길을 숨 가쁘게 달려가는 그 어디엔가는 베이스캠프가 필요하다. 이는 자신을 충전할 수 있는 쉼표 같은 공간이다. 그 공간을 오르내리다가 결국은 제 길을 찾아가게 된다. 원정대가 등반하다가 다시 복귀하고 좀 더 높이 오르다가 복귀하다가 결국은 정상에 오르는 거와 같은 이치다. 그래서 사람들은 하루의 고단한 등반을 마치고 지친 몸을 이끌고 집으로 찾아든다. 밥 먹고 옷 갈아입고 잠자기 위함이라면 집보다 더 안락한 곳이 많다. 그렇지만 출퇴근으로 파김치가 되면서도 옹색한 집을 찾아가는 것은 나를 충전할 수 있는 베이스캠프이기 때문이다.

사람들은 나름의 베이스캠프를 설치해놓고 험난한 인생길을 걷는다.

병원을 오래도록 개업하고 있는 한 의사는 스스로 안식년을 선언하고 병원 문을 닫았다. 환자에게는 '쉬세요.

내려놓으세요. 여행을 떠나세요.'라고 처방하면서 정작 자신은 쫓기는 일상을 반복하고 있었다. 모순되고, 위선적이었다. 그 무렵 선배의 부음을 접했다. 삶의 유한성을 실감했다. 가족과 함께 유럽 여행을 떠나기로 했다. 알프스의 만년설과 마주하면서 심장이 뛰었다. 억겁의 시간이 응축된 자연의 신비 앞에서 자신을 겹겹이 싸매고 있는 문명의 껍질이 벗겨져 나가는듯했다.

여행에서 돌아왔다. 달라진 것은 아무것도 없었다. 대신 자신감을 얻었다. 길 위에서 수많은 문제가 발생하고 부딪치다 보니 문제를 해결하는 능력이 길러졌다. 현실적인 고민에 맞닥뜨리고 해결해 나가면서 여행하듯 살고자 했다. 그는 여행을 '인생의 베이스캠프'라고 했다.

나 또한 그렇다. 우리 집에는 2, 3평 되는 쪽마루가 있다. 작은 공간이지만 햇볕이 오래 머물고 바람이 드나드는 가장 자연스러운 곳이다. 공직에서 물러난 뒤부터 그곳에서 분재를 기르고 있다. 갓난아기 기르듯 때맞춰 물주고 웃자란 가지는 잘라준다. 한여름에는 그늘막을 쳐주고 한겨울에는 문은 닫아준다. 될 수 있는 대로 그냥 둔다. 하지만 뜨거운 햇볕을 쬐어주고 추운 겨울에도 싸매주지 않으며 극한상황을 견디는 힘도 길러준다. 꽃피기 전에 거름을 듬뿍 주고 꽃이 지면 또 거름을 준다. 흡사 산모 몸조리하듯 한다. 분재는 스스로 잎도 피우고, 꽃도 피우고, 열매도 맺고, 잎을 떨어뜨리며 다음을 기다릴 줄 안다. 가끔 벌도 날아들고 귀뚜라미도 운다. 쪽마루는 가장 자연스러운 곳이다. 마음이 어지러울 때면 쪽마루로 간다. 좁은 공간을 서성이며 마음을 추스른다. 쪽마루는 나의 베이스캠프다.

모든 일을 할 때 기준을 높게 잡으면 그만큼 높은 성취를 할 수 있게 된다는 법칙이 있다. 베이스캠프의 법칙이다. 이 법칙의 토대가 된 이야기가 에베레스트산 등정에 관한 것이다. 베이스캠프를 과거에는 2천 미터쯤에 설치했는데 6천 미터나 되는 높은 곳에 설치하니 등정에 성공하는 산악인이 껑충 뛰어올랐다는 것이다. 이러한 변화와 도전은 우리에게 큰 용기를 준다. 지금의 어려움과 위기가 인생의 베이스캠프를 올리는 일이라고 생각한다면 비관만 할 일만은 아니다. 성공한 사람들은 고난과 시련을 극복하면서 자신의 베이스캠프를 더욱 높은 곳에 설치한 사람이기 때문이다.

그렇다면 나도 베이스캠프를 좀 더 높은 곳에 쳐야겠다. 그러면 지금까지 살아온 시간과 다른 변화가 찾아올지 어찌 알겠는가?

셈 치며 살기

초복이 눈앞인데도 비는 내리지 않고 무덥기만 하다. 어제 일이다. 정동 길을 걷는데 삼계탕 냄새가 코를 자극한다. 문을 여는 순간 아내의 얼굴이 떠올랐다. 전화했다. 복날도 며칠 남지 않았으니 삼계탕이나 먹자고. 몸이 불편해서 못 나가겠다며 먹은 셈 치자고 한다.

우리는 셈 치자는 말을 자주 한다. 먹을 수 없고, 볼 수 없고, 만날 수 없을 때 먹은 셈 치고, 본 셈 치고, 만난 셈 치자고 한다. 셈 치기는 현실을 긍정적으로 살아가는 방법이기도 하다.

아내가 큰아들네 있으니 아프다면 믿을 수밖에 없다. 둘러대도 어쩔 수 없는 노릇이다. 이제는 꼬치꼬치 묻지도 따지지도 말고 넘어가야 한다.

하루 또 하루를 무탈하게 지내는 것은 이런저런 셈 치기를 지혜롭게 하기 때문이기도 하다. 아내도 그렇다. 전에는 약속이 겹치면 일정을 조정하면서 따라왔는데 이제는 단칼에 거절한다. 부부는 너무 가까워서 너무 익숙해서 잊고 지낼 때가 많다. 우리도 그랬다. 아내의 마음 안에는 서운함이 지금도 남아있을 수도 있겠다. 내일은 약이라도 사 들고 병문안 가봐야 할 것 같다. 만나면 속마음도 알아낼 수 있고 관계가 더 부드러워지지 않겠는가.

몇 년 전에 소무의도 가는 뱃길에 다리가 놓이면서 소무의도는 무의도에 편입되고 말았다. '작은 섬'이 '큰 섬'이 된 셈이다. 한 달만 있으면 '큰 섬'마저 육지가 된다. 그 섬이 사라지기 전에 가기로 했다. 어쩌면 마지막 길일 것 같은데 하늘에서는 비마저 내린다. 자동차 지붕 위로 후드득 떨어지는 빗소리를 들으며 달린다. 차창 밖으로는 회색빛 풍경들이 스치고 모두 비를 피해 어디론가 숨어버린 듯 고즈넉한 길을 달린다. 비를 퍼붓는데도 비가 오지 않는다고 셈 치며 길을 나섰다. 오히려 더 잘됐다. 비 내리는 섬을 걸으며 이별의 시간을 갖게 되었으니.

예전에는 바나나 같은 열대과일은 쉽게 먹을 수 없었다. 그런 과일은 먹은 셈 쳤다. 중국이 세계의 중심으로 알고 지내던 시절이 있었다. 당시에는 에베레스트산은 절대로 갈 수 없었다. 그런 곳은 가본 셈 치며 살았다. 성취할 수 없는 것은 강 건너 불구경하듯 바라보며 살았다. 그러나 요즘에는 물질적이거나 기술적인 것은 거의 이루며 살 수 있게 되었다. 그 대신 정신적인 것, 마음 같은 것, 미래 같은 것에 대하여는 지금도 이룰 수가 없다. 그러니 셈 치며 살수 밖에. 셈 치기는 인간의 영원한 숙명인 것 같다.

아내의 몸살도 그만한 것 같다. 내일은 먹은 셈 쳤던 삼계탕을 먹으러 가자고 전화해야겠다.

나도 고장 나고 싶을 때가 있다

머리 건조기가 며칠 전부터 돌아가다가 멈추다가 한다. 멈추면 한 대 쥐어박으면 돌아가더니 오늘은 꿈쩍도 하지 않는다. 고장이 난 것 같다.

고장 나고 싶은 날이 있었다. 누가 봐도 작동하지 않을 것처럼 고장이 나서 아무도 신경 안 쓰고 눈감아주는 날이 있었으면 했다.

몸도 마음도 내 맘대로 안 되는데 아무도 몰라준다. 몰라주니 나도 괜찮나 싶어 참아가며 살았다. 고장 나 보고 싶다는 말이 아니라 난 이미 고장 날대로 났는데 아무도 몰라준다. 그래도 참으며 살고 있다. 그래서 고장 나고 싶을 때가 있다.

아침 여덟아홉 시가 지나도 잠자리에서 꼼짝 못 할 때가 있다. 고장 나고 싶은 게 아니라 고장이 난 것이다. 그럴 때면 더럭 겁이 난다. 머리 건조기처럼 갑자기 멈춰버리면.

이대로 일어나지 못하는 날이 미구에 닥칠 것만 같다. 이것은 내 탓이 아닐 것 같다.

아내의 손맛

아내가 차린 생일상이다.

흰쌀밥에 미역국 그리고 조기찌개 늙은 오이무침과 계란찜… 이다. 어머니가 전수한 음식들이다. 그중에서도 조기찌개는 나에게 특별한 의미가 있다.

6·25전쟁이 할퀴고 지나간 이 땅은 폐허였다. 우리 집은 더했다. 아버지 돌아가시고 형님들은 군에 가고 남자라고는 13살 된 나뿐이었다. 푹푹 찌는 여름에 단칸방에

서 어머니는 한쪽 다리가 굵은 실로 된 검정 뿔테 안경을 쓰고 밤늦도록 삯바느질하고, 그 옆에서 중학교 입시 준비를 했다.

이른 새벽에 부엌에서 달그락거렸다. 고소한 기름 냄새, 달걀 찌는 냄새, 그리고 비릿한 조기찌개 냄새에 벌떡 일어났다. 아버지가 계실 때 맡아본 후 처음 맡아보는 냄새다. 더는 참을 수가 없을 때쯤 상이 들어왔다. 얼른 받았다. 내 어깨에 손을 얹으며 미역국 끓였으니 많이 먹으라고 했다. 숟가락에 조기 살을 발라 얹어주면서.

나도 어머니 숟가락에 조기 살을 얹어주었더니 살은 싫어한다면서 내 숟가락에 돼 얹어주었다. 그다음 날에는 조깃대가리로 찌개를 끓였다. 어제보다는 못하지만 먹을 만했다. 어머니는 국물을 다 들고는 뼈를 쪽쪽 빨았다. 아! 정말 살보다는 대가리를 더 좋아하는구나. 며칠을 두고 끓이고 또 끓여서 뼈까지 빨아먹는 것을 보니.

아내가 허리를 다친 뒤부터 감각이 둔해지는 것 같다. 미각 또한 둔해져서 국이 짜지고 반찬 또한 간이 세졌다. 요즘은 건강이 회복되어서 그런지 국 맛이 덜 짜고 옛날에 먹던 수제비나 콩국 같은 별식을 만들기도 한다. 그래도 전만 못하다.

건강이 전 같지 않아 간장 된장도 사 먹고 김치마저 사 먹는다. 식당 음식과 다르지 않은 밥상이다. 그래도 제사나 생일같이 특별한 날이면 시어머니가 전수한 음식을 만들어준다. 아내의 손맛에서 어머니의 손맛을 느끼며 감회에 젖는다. 손맛 2대다.

그 섬으로 가는 길

오늘은 그 섬에 가는 길이다.

배표를 끊고 배를 타면 여객선은 기적을 울리며 떠날 채비를 한다. 배가 몸을 틀자마자 무의도 선착장이다. 뱃길로 1.6킬로미터. 5분 거리다. 오랜 세월이 쌓여있을 5분이라는 시간은 사람을 육지에서 섬으로 옮겨 놓는다.

섬사람들이 학수고대하던 다리 놓는 공사가 한 달만 있으면 준공된다고 한다. 나에게는 배를 타고 그 섬으로 가는 길은 오늘이 마지막이지 싶다. 다리가 놓이면 차를 몰고 단숨에 달려와서 바닷바람 쐬며 해변을 걷고 회 먹고 차 마셔도 한나절이면 충분하다. 케이티엑스가 개통되었을 때 부산 가서 점심 먹고 오는 것이 유행했던 것처럼.

무의도에 도착하자 실미 해변으로 갔다. 바닷물이 빠진 갯벌을 지나 실미도를 한 바퀴 돌았다. 출출하다. 실미 식당으로 갔다. 굴밥을 주문했다. 바람만 사는 겨울 바다에서는 굴밥이 제격이다. 구운 생선 한 토막을 덤으로 준다. 정표다.

소무의도 선착장으로 갔다. 여행객 발길이 끊기는 겨울이 오면 소무의도에 정박 중인 선장에게 전화했다. 선장이 몰고 온 배를 타고 '작은 섬'으로 가서 기웃거리다 보면 해가 설핏해진다. 부지런히 움직이지 않으면 하루에 둘러보기가 어렵다. 그런데 몇 년 전에 소무의도 가는 뱃길에 다리가 놓이면서 '작은 섬'은 '큰 섬'에 편입되었다.

두 섬을 구경하는데, 하루가 걸리던 것이 다리가 놓이면서 반나절이 조금 더 걸린다. 사람들의 왕래가 늘면서 횟집도 생기고 민박집도 생겼다. 커피집은 서너 개가 생기고. 그런데 한 달만 있으면 '큰 섬'마저 육지가 된다. 뱃길이 찻길로 바뀐다.

그 섬을 자주 가는 이유는 촌스럽고 어설프기 때문이다. 물이 빠지면 걸어갈 수 있는 실미도가 있기 때문이다. 영화 '실미도'가 말하듯 이 섬은 남과 북의 틈에 끼어 피 흘린 비극의 섬이다. 이생진 시인은 해마다 제물을 차려놓고 시를 읽으며 원혼을 위로하고 나는 바닷가를 걷다 쉬다 굴밥으로 배를 채우고 또 서성거리는 섬이다.

배를 탔다. 무의도가 멀어진다. 어쩌면 마지막이지 싶다. 지난날의 기억을 되살리는 것. 우두커니 앉아서 멍때리는 것. 어슬렁거리는 것…. 이런 짓은 힘 빠지고 하릴없는 사람들의 짓거리인 것을 무의도를 떠나면서 깨닫는다.

젊은 시절에는 선택의 기회가 많았다. 노년으로 접어들면서 기회가 풍선에 바람 빠지듯 서서히 빠져나갔다. 바람 빠진 풍선이었다. 지금 나에게 허락된 것이란 걷고 책 읽고 글 쓰고 가끔 책을 내는 일이다.

불현듯 그리움이 밀려올 때면 무의도를 갔었다. 풍선

에 바람을 넣듯 가슴이 탁 트이고 바닷바람이 꽉 차면 돌아왔다. 그런 무의도가 육지가 된다. 표를 끊고 배를 기다려서 그 섬에 가는 발걸음이 이제는 그리움이 되고 말 것 같다.

바람 빠진 풍선이 하나 더 늘었다.

우수 무렵에 내리는 눈

눈이 내린다. 조금 전까지는 비가 내렸는데 지금은 눈이 내린다. 눈 구경도 못 하고 겨울이 가는 줄 알았는데 우수를 며칠 앞두고 눈이 내린다. 저녁 무렵부터 내리는 눈이 다음날까지 내린다. 겨울이 체면치레하는 것 같다. 순백의 눈이, 솜이불 같은 눈이 세상을 덮는다.

겨울비가 내릴 때 성에 낀 창문을, 낙숫물 떨어지는 소리를 들을 때면 고드름을 생각해내며 지냈다. 수도계량기가 얼어 터지고 물이 나오지 않아 아침을 거르던 그때를 기억해내며 겨울을 보냈다. 올겨울은 예년보다 10도는 더 따뜻하다면서 지구가 더워지는 것을 걱정하는 사람이 많다.

유난히 따뜻한 올겨울은 세계 에너지 시장에 재앙이라고 한다. 북반구 전체적으로 따뜻한 겨울이 난방수요를 10퍼센트 이상 줄여놓고 가격을 떨어뜨렸다. 미국에서는 전년보다 30퍼센트 하락했으며 국가 수입의 40퍼센트를 석유와 천연가스 판매에 의존하는 러시아의 경제위기는 전 세계를 덮칠 수도 있다고 우려한다. 우리집 또한 예년보다 난방비지출이 줄어서 당장은 좋지만, 왠지 찜찜하다.

1월 하순이다. 베란다에 있는 분재가 새순을 내밀기 시작했다. 2월 초쯤에 봄을 맨 먼저 알리는 영춘화도 노란 꽃잎을 틔우기 시작했다. 모과나무는 잎이 돋자마자 꽃을 피웠다. 겨울에 수정을 해줘야 할 판이다. 설이 멀었는데 베란다에는 봄이 겨울을 앞질러 왔다.

열대 아프리카를 상징하는 바오바브나무는 2천 년 이

상을 장수하는 나무다. 그런데 최근에 돌연사가 이어지고 있다고 한다. 바오바브나무의 돌연사는 지구온난화로 비롯된, 기후변화에 적응하지 못해서 일어난 현상이라고 한다. 이처럼 지구는 온난화에 대해서 경고를 보내고 있지만, 사람들은 모른 척하는지 알아채지 못하는지 반응이 없다. 불길한 징조 같다.

인류는 모든 문제를 과학의 힘으로 해결할 수 있다고 믿으며 끊임없이 개발을 추진하고 있다. 제주의 비자림은 도로를 넓힌다면서 무참하게 베어내고 있다. 동해에서 명태 대신 제주도가 주산지인 방어가 잡히는가 하면, 개구리가 한 달 일찍 깨어났다가 얼어 죽는 등 크고 작은 변이가 나타나고 있다. 지구온난화를 강 건너 불구경거리로 삼을 수 없는 일들이 벌어지고 있지만, 사람들은 현대화에만 목을 매고 있다.

더 늦기 전에 '지구인'이라는 생각으로 지구와 더불어 살아갈 방법을 모색하여야 한다. 머지않아 과학에 쏟을 재원조차 부족한 일이 벌어지지 않으리라고 장담할 수 있겠는가.

대장내시경검사 예약한 날

대장내시경검사 결과를 보러

가는 날이다. 3년 전 검사했을 때 용종 2개를 제거했었다. 나의 건강을 보살펴주는 의사가 3년이 지났으니 검사를 다시 해보는 것이 좋겠다고 했다. 그의 말에 따랐다.

대장내시경검사는 준비과정이 검사보다 더 힘들다. 검사 3일 전부터 씨 있는 과일과 잡곡밥을 피하고 검사 전날부터는 금식해야 한다. 특히 검사 일정에 맞춰 관장약을 복용하여 장을 깨끗하게 비우는 일이 여간 고통스러운 게 아니다.

이번 검사에서도 용종을 제거했다. 결과를 기다리는 1주일 동안 별별 방정맞은 생각이 다 들었다. 용종이 악성이면 어쩌지? 수술하라면? ….

의사가 밝게 맞아준다. 마음이 놓인다. "용종 2개를 제거했는데 결과가 좋습니다. 4년 후에나 뵙겠습니다." 의사의 말에 정신이 맑아진다.

4년 후면 내 나이 89세가 된다. 물론 그때도 검사를 할 것이다. 또 4년 후에도 검사하라면 또 할 것이다. 또 4년 후에도. 건강만 하다면야 준비과정의 고통이 대수겠는가.

2026년 7월 29일은 대장내시경 검사하는 날이라고 손전화에 기록해 놓았다.

그때는 어디 있을는지

우리 동네가 재개발된다고 한다.

살던 집을 헐어내고 고층 아파트가 들어선다고 한다. 나 또한 기대 반 우려 반의 심정으로 지켜보면서 지난날을 생각해 본다.

'이삿짐을 꾸린다. 이순을 지난 나이, 아마도 내 생에 마지막 이사일 듯싶다. … 더 이상의 이사는 없을 것이다. 인생사 어찌 알겠는가마는, 아니 한 번은 더 있겠다.

이승에서 저승에로의 영원한 자리 옮김. 기다려지지도 않고 하고 싶지도 않은 이사. 그때는 짐을 꾸리고, 짐을 풀고, 하는 그런 일은 안 해도 되겠지…' 수필의 〈이사기移徙紀〉 서두 문장과 마지막 문장이다. 이 수필은 2002년에 썼으니 올해로 십구 년 전이다. 지금 사는 집으로 '마지막 이사'를 하고 삼 년 뒤에 쓴 글이니 이 집에서 이십삼 년째 살고 있다.

정년을 맞이하고 나니 남는 것이 시간이었다. 하루하루가 주말이요 휴일이었다. 남아도는 시간을 주체할 수 없었다. 현직에서 물러난 사람은 시간과 싸움이었다. 우선 한글을 깨치듯 컴퓨터를 배우고 은행거래 등 기본적인 일들을 배우기 시작했다. 아내가 집을 비우면 밥도 차려 먹고 설거지도 하면서 집안일을 익혔다. 서점을 드나들며 책을 사서 읽고 스치는 생각들을 적기 시작했다.

아버지는 서당을 열고 글을 가르치다 돌아가셨다. '현고학생부군 신위顯考學生府君 神位'라고 지방을 써놓고 제사를 지낸다. 그 뜻은 '배우는 학생으로 인생을 살다가 돌아가신 아버지의 신령이시여 나타나서 자리에 임하소서.'라고 해석해본다. '평생을 배우는 학생으로 살았다.'

라는 문장을 좋아한다. 욕망도 시기도 질투도 모두 누르고 평생을 배우는 학생으로 살 수 있을까? 나 또한 퇴직한 뒤로는 이런 마음으로 접어두었던 꿈을 마음껏 꿀 수 있었다. 읽고 쓰고 생각하면서. 평균수명을 훨씬 넘도록 무탈하게 살고 있음은 그런 마음의 덕분이 아닌가 싶다. 고마울 따름이다. 게다가 '수필가'라는 이름도 얻고 글 쓰는 학생으로 살고 있으니 더 바랄 게 없다.

우리 동네가 '역세권 재개발사업 단지'로 지정되었다고 한다. 기존 건물을 헐어내고 아파트를 짓는 사업이다. 그 자리에 오십 층짜리가 들어선다니 상전벽해가 따로 없을 것 같다. 아내는 죽기 전에 아파트에서 살아보겠다며 희희낙락이다.

순조롭게 추진되어도 오 년에서 육 년 아니면 칠 년이 걸린단다. 재개발이 끝나서 입주하게 되면 이사기를 고쳐 써야 할 것 같다. '… 더 이상의 이사는 없을 것 같다'를 '…열네 번째 이사해야 할 것 같다.'라고.

재개발이 끝나면 아흔 아니면 아흔 하나, 아니면 둘. 그때는 나는 어디 있을는지.

산을 오르고 내려오는 일

산악사고 대부분은 하산 길에서 일어난다고 한다. 산을 오르는 일보다 내려가는 일이 훨씬 어렵다는 뜻이다. 사람의 한평생도 등산과 같아서 한창 잘 나갈 때보다 마무리할 때가 더 어려우며 중요하다고 하겠다.

나도 한때는 전국 100 산을 정해놓고 오르내렸지만, 지금은 무릎이 성치 못해 평지를 걸으며 그때를 그리워한다.

나의 한평생을 등산에 비교해보면 정상에서 하산하는 중이라고 할 수 있다. 그것도 하산 길이 손짓하여 부를 만큼 가까운 거리까지 와 있다고 생각하며 지낸다.

걸으며 내 인생의 산을 오를 때나 내려올 때나 올바르게 걸었는지를 떠올려본다.

해가 한 뼘도 남지 않았네.

맥문동 꽃이 피면

보랏빛 맥문동꽃이 피는 여름이면

서오릉에 간다. 염천에 책 한 권을 들고 가다 보면 신호등에 걸릴 때가 있다. 몇 분 동안의 볕이 버거워 전주 그림자에 몸을 포갠다. 훨씬 낫다. 서오릉 산책길은 소나무와 굴참나무가 숲을 이루고 있다. 그 밑에서 맥문동이 보랏빛 꽃을 피운다. 음습한 그늘을 환하게 밝히는 꽃을 보러 서오릉에 간다. 바람결에 땀을 드리우며 책을 읽다 꽃을 보다 하늘을 쳐다보다 문득 스치는 생각을 얼른 적는다. 토막생각들이 모여 글 한 편이 된다. 그래서 길을 나설 때면 수첩을 들고 나온다.

모든 식물은 광합성을 통해 양분을 만들고 살아가기 때문에 빛이 필요하다. 그런데 맥문동은 나무 밑이나 덤불 속 그늘에서 겨울에도 짙은 녹색 잎을 피우고 여름에는 보랏빛 꽃을 피우는 음지식물이다. 식물학에서는 그늘이 좋아서라기보다는 그늘에서 살 수 있도록 진화했기 때문이라고 하지만 어느 생명인들 그늘만을 좋아하겠는가.

사람들은 이동의 자유를 누리면서 살아가지만, 나무는 태어난 자리에서 붙박이로 살다가 죽어야 하는 숙명적인 존재다. 그중에서도 음지식물은 평생 그늘을 벗어나지 못하니 이중고를 겪는 셈이다. 자신의 운명을 처연히 받아들이는 자세에서 숙명 같은 것을 배우게 된다. 〈보리피리〉를 쓴 한하운 시인은 시집 서문에 "천형天刑의 문둥이가 되고 보니 지금 내가 바라보는 세계란 오히려 아름답고 한이 많다"라고 썼다. 맥문동을 볼 때마다 '천형'이란 말이 떠오른다. 나무로 태어난다는 것이 이

동의 자유를 박탈당하는 형벌(?)과도 같은데 게다가 빛이 절대적으로 필요한 식물이 평생을 그늘에서만 살아야 하니 이 또한 '천형'이 아니겠는가.

사람도 식물처럼 양지와 음지로 나눌 수 있다. 부와 명예가 대물림되거나 좋은 부모 만나 교육받고 사회에서 실력을 인정받은 사람을 양지 인간이라고 한다면, 어려운 환경 속에서 교육도 제대로 받지 못하고 실력도 인정받지 못한 사람을 음지 인간이라고 할 수 있다. 그렇지만 본인의 노력 여하로 음지에서 양지로 양지에서 음지로 자리바꿈하는 경우를 보게 된다.

'개천에서 용 난다'라는 속담이 있다. 그러나 양극화가 심화하고 있는 현대에서 떡 장수하는 홀어미 자식이 고등고시에 합격했다든지, 시간제로 일하면서 학원 근처에도 가보지 못한 뺑튀기 자식이 서울대학에 장학생으로 합격했을 때 이런 속담을 사용했었는데 오늘날에는 이런 사례들이 사라지고 있다. 부모가 흙수저면 자식도 흙수저로 세습되고 있기 때문이다. 아무리 노력해도 자신의 처지를 바꾸기는 힘들다고 절망하며 스스로 맥문동처럼 음지에서 살아야 함을 잘 알고 있다.

맥문동은 뜨거운 여름에 그늘에서 보랏빛 꽃을 피우고 엄동설한에도 푸른 잎을 피우며 소임을 다하고 있다.

오늘도 책 한 권 들고 길을 걸으며 글을 쓰고 있으니 이 또한 맥문동과 가까이한 덕분인 것 같다. 그렇다면 그늘이면 어떻고 양지면 어떠하겠는가.

그립습니다

문우라는 말이 있다.

'글로써 사귄 벗'이라고 우리말 국어사전에 적혀 있다.

한 달에 한 번 만나 합평회를 하고, 봄가을로 문학기행을 떠나고, 연말이 되면 한해를 결산하는 송년회를 열고, 책을 출판하면 책거리하면서 축하해주는 우리는 어떤 관계인가? 피를 나눈 혈연관계도, 소꿉친구도, 동창생도 아닌 우리는 문학으로 연을 맺은 문우, '글로써 사귄 벗'

이다. 우리는 전업 작가도 아니다. 각자 세상을 살다가 뒤늦게 글을 쓰는 늦깎이 작가들이다.

그렇지만 피를 나눈 동기간보다도, 소꿉친구보다도, 동창보다도, 더 가깝게 지내면서 자신을 글로 쓰고 이 글을 평하고 논하는 관계다. 가족이 모르는 일들도 문우들은 알고 있다. 이것이 문학의 힘이다. 지난해부터 지구촌을 공포에 떨게 하는 코로나바이러스가 만연해도 '거리 두기'를 하면서 찻집 한구석에서 합평회를 하며 관계를 단단하게 다지고 있다.

그런데 우리 곁을 홀연히 떠난 문우들이 계신다. 최순덕. 김현자. 이효숙 선생이다. 삶과 죽음을 어찌할 수 없는 일이지만, 어찌할 수 없기 때문에 더 안타깝고 그립다. 그래서 해마다 송년의 자리에서 추모의 묵념을 올리고 가끔 그분들을 불러본다. 올 송년회에는 그분들의 작품을 읽으며 추모하려고 한다.

지난밤 그분들의 작품집을 뒤적이다가 울컥했다. 기억하고 그리워하는 것은 산자의 몫이다. 우리가 몇백 년 전 사람이 발표한 글을 읽으며 친분을 나누는 것처럼 작품집을 통해서 생과 사를 초월하여 영원히 살고 있다고 믿는다.

종지울로 향해 올라가는데 발걸음이 맨발같이 가볍다. 꿈에도 그리던 전원주택을 마련하여 들락날락한 지 15년. 남편이 퇴직 후 제2의 인생을 이은 곳이다. 내년이면 팔순인 남편은 이제 두 번째 일터에서도 퇴직을 결심했다. 이유라면 힘도 부치고 투병 중인 딸에게 물려주기 위해서다. 항암치료 중 혼탁한 도시에서는 울렁증으로 견디기가 힘들어 이곳으로 온 딸의 쾌유를 비는 아비의 깊은 마음일 것이다.

_최손덕 '녹우재' 중에서

최손덕 선생은 헌신적인 사람이다. 합평회 때는 찐 고구마를 돌리고 때로는 감을 돌리기도 한다. 내가 감기로 고생할 때 생강차를 만들어 전철역에서 건네고 쏜살같이 사라지던 인정 넘치는 할머니다. 우리를 종지울 전원주택에 초대했을 때 "개가 짖는, 집으로 찾아오라."고 했다. 현지에 가보니 이 집 저 집에서 개가 짖어댔다. 그 황망함이라니. 그는 그런 사람이다. 이른 나이에 홀연히 떠나 아쉬움이 더 크다. 그래서 더 그립다.

한강은 어디서 바라보아도 아름답지만, 당산철교 아래쯤에서 바라보는 한강은 매혹적인 한 폭의 그림이다. 돛단배가 떠다니고 하얀 모래사장이 있는 옛 정취는 간데없지만, 인간의 손이 간, 크고 작은 강가의 조형물과 산, 강이 한데 어우러진 한강에 가는 한 폭의 수채화를 연출하고 있다. 우선 왼쪽으로 눈을 돌리면 국회의사당의 육중한 위용이 눈에 들어온다. 한때는 나도 경비원의 거수경례를 받으며 잰걸음으로 저 의사당 문을 드나들었지. 하지만 지금은 아무런 감정 없이 담담하게 그 뒷모습을 바라볼 뿐이다.

_김현자 '한강가 산책' 중에서

김현자 선생은 여성 운동가였다 국회의원을 지내기도 했다. 모든 자리에서 내려와 우리하고 글을 썼다. 선생이 자리에 눕기 전일이다. 인사동에서 합평회를 할 때 모이는 장소를 찾지 못하고 근처를 뱅뱅 돌다가 되돌아가기를 여러 번 했다. 총명하던 그분도 세월을 이길 수 없었다. 그 무렵 쌈지를 동인에게 돌렸다. 나는 지금도 교통카드를 넣고 다닌다. 전철을 탈 때마다 쌈지를 만지며 추억한다. 선물의 의미를 알게 해준 쌈지다. 쌈지를 만질 때면 그립고 명동에 있는 YWCA를 지날 때면 생각난다. 아주 그립다.

옆방 남자와는 영원한 언밸런스의 삶이지만 내 친구 말대로 평생 원수가 아닌 천생연분으로 살아온 것은 아닐까? 우리에게는 내일을 기약할 수 없다. 어제 죽인 이가 그렇게 살고 싶었던 내일이 옆방 남자와 나의 오늘이 아니던가. 오늘만은 열심히 살 것이다. 허락한다면 내일도, 모레도.

_이효숙 '옆방 남자' 중에서

목요수필에서 수필공부 할 때다. 어느 여름이었던 것 같다. 이효숙, 이진영과 덕수궁을 산책하고 있었다. 불쑥 "우리 합평회를 만들자"라고 제안했다. 동의했다. 그게 '목연회'다. 목연회를 창립하신 분이다. 연천으로 거처를 옮긴 뒤에도 먼길 마다하지 않고 참석했다. 돌아가셨을 때 빈소에 가는 길이 멀고 험했다. 그날은 비가 억수로 쏟아졌다. 이렇게 먼길을 들기름병을 들고 와 나눠주고 이진영 선생에게 손수 김치를 가져다주던 그가 어느 날 자는 듯 눈을 감으셨다. 그립고 안타깝다.

이렇게 추억을 남기고 홀연히 떠난 선생들이 보고 싶다. 내 서가에는 그분들의 저서가 꽂혀있다. 지금도 그분들의 전화번호와 이메일을 지우지 않고 있다. 나는 전화번호도 이메일도 바꾸지 않고 있다. 행여 문자나 안부 전화가 올까 봐서다. 기다려진다. 그립습니다.

아메리카노 한 잔

눈이 많이 내린다는 대설大雪이다.

그런데 하늘은 맑고 푸르다. 요즘은 전 세계적으로 유행하는 역병疫病 탓도 있지만 먼 길보다는 가까운 동네를 걷고 걷는다. 그렇지만 올해가 가기 전에 그 섬에 다녀오고 싶었다.

벼르고 벼르다 차를 몰고 무의대교를 건너 실미도로 갔다. 전 같으면 잠진도에서 배를 타고 무의도 포구에서 다시 차를 탔었는데 무의대교가 생긴 뒤부터는 배를 타지 않아도 된다. 한나절 거리가 되었다. 바람이 세차게 불어댄다. 겨울 바다에는 바람만 산다. 다리가 놓인 뒤부터는 길도 넓어지고 높은 건물도 생기고 가게도 늘어나고 한겨울에도 문을 열고 있다. 무의도는 발전했다고 한다. 개발 덕분에 주말이면 방문객으로 도로가 주차장이 되고 겨울에도 성시를 이룬다. 자연훼손을 통해서 생명이 위협받는 것도 모르는 채 성업 중이다.

실미도 가는 길은 꼬불꼬불하고 울퉁불퉁한 게 전과 다름이 없어 다행이다. 물이 빠지면 실미도까지 걸어갈 수 있는데 오늘은 물이 들어와 출렁이는 바닷가를 걸으며 그 섬을 바라만 보았다.

대무의도에서 소무의도 가는 중간쯤에 지난봄에 들렀던 찻집이 생각났다. 문을 열었다. 만원이다. 한겨울에도 호황(?)이다. 주인은 반색하며 창가 쪽에 자리를 만들어준다. 혼자가 익숙해질 때가 되었음에도 더듬거리며 외로움을 타는 내가 나에게 따뜻한 아메리카노 한 잔을 권한다. 따끈한 찻물의 온기가 주사약이 퍼지듯 온몸에 번진다.

물새 한 떼가 날아간다. 인천항 근처에 정박해있는 화물선이 물안개에 묻혀 테두리만 희미하게 보인다. 연락선이 무의도를 향하여 물살에 밀려오듯 부두에 접근한다. 바다를 보다 책을 읽다 주인이 "지난번 주신 책 잘 읽었다."면서 바다가 잘 보이는 5층으로 옮기자고 한다. 올라갔다. 앉을 자리를 만들고 무릎담요와 전기난로를 틀어놓고 내려간다. 주인의 온기로 이미 실내는 따뜻한데.

찻집을 나오면서 아메리카노 한 잔을 또 주문했다. 의아한 눈으로 차를 만들어준다. 책을 통해서 나를 기억해내는 주인에 대하여 감사의 마음을 담아 찻잔을 그네 앞에 놓으며 눈인사하고 서둘러 나왔다.

2시가 지났다. 무의도에 오면 들리는 굴밥집 문을 열었다. 태풍이 무섭게 불던 날, 고기 잡으러 나간 남편은 돌아오지 못했다. 홀로 남은 여인은 바닷물이 빠지면 바위에 달라붙은 굴을 조새로 쪼고 조개를 잡아, 굴밥집을 차렸다. 점심시간이 지났는데도 만원이다. 구석 자리에 앉아 굴밥과 박대구이를 주문했다. 혼자 4인석 자리를 차지했으니 자릿값은 해야 마음이 편할 것 같아서였다. 아무리 욕심을 부려보아야 반도 못 먹었는데 배가 부르다.

대무의도에서 소무의도 가는 길이 쭉 뻗은 포장도로로 바뀌었다. 문명은 구불구불한 길을 곧게 펴는 힘이 있다. 신나게 달려 소무의도로 건너가는 인도교 앞에 차를 세워두고 걸었다. 전라남도 신안군에 있는 우의도처럼 소무의도도 차가 다닐 수 없는 주민 20여 명이 사는 작은 섬이다. 차 한 대도 들어오지 못하는 섬이지만 이웃 섬이 개발되면서부터 횟집도 찻집도 생겼다.

섬을 한 바퀴 돌았다. 다리가 무겁다. 바다를 향하여 의자가 놓여있다. 방파제를 탁자 삼아 바다를 바라보며 차 마시기에 최고의 자리 같다. 아메리카노 한 잔을 들고 앉았다. 인기척에 뒤를 바라봤다. 반백의 남성이 바다를 바라보는 내 뒷모습을 찍었다며 말을 걸어온다. 이어서 신문사 사진부에서 퇴직한 뒤 여기저기를 다닌다고 자기소개를 하며 내 손전화로 사진을 보내준다. 열어봤다. 수평선을 바라보는 뒷모습이 쓸쓸해 보인다. 내 마음을 찍은 것 같다. 고맙다. 외로움을 타는 나에게 말을 걸어주고 작품 사진을 찍어주는 그에게 따뜻한 아메리카노 한 잔을 권한다.

"차 한 잔 드세요"

인생이 가는 길에는 이정표가 없다

도로나 번잡한 사거리에는 이정표가 있다. 이정표를 잘못 보고 가다가 보면 길을 잃거나 엉뚱한 곳으로 가게 되고 신호를 위반하면 사고를 당하기 십상이다. 규칙을 어기면 범칙금 등을 물게 된다. 도시는 거미줄 같은 법망이 촘촘하게 설치가 되어 있다.

그러니까 하면 인생이 가는 길에는 이정표가 없다. 이

정표가 없다는 것은 길을 잘못 들어 헤맬 수 있고 한편으로는 어디든지 갈 수 있다는 뜻이기도 하다. 길 없는 길을 갈 때는 자유롭기도 하지만 스스로 이정표가 되고 신호등이 되어 가고자 하는 길을 자기 책임 아래 가야 한다는 뜻이다. 촘촘한 법망이 없지만, 그 대신 스스로 규범을 만들고 지켜야 하고 위반하면 벌해야 한다. 고독하고 외로운 삶이다.

정해진 길이 없는 길을 갈 때는 눈치나 어림짐작에 연연하지 않고 마음속에 도사리고 있는 욕망을 들여다보며 솔직한 마음으로 가야 한다. 솔직하기가 참으로 어려운 일이지만, 그럴수록 더욱더 솔직해져야 자신의 길을 찾아갈 수 있다.

남을 속이면 벌을 받으면 되지만 내가 나를 속이면 후회라는 벌을 평생 달고 살아야 한다.

아빠께 누비옷을

'도전! 꿈의 무대'를 즐겨본다.

가수 지망생이나 무명 가수가 도전하여 연속해서 5승을 하면 가수가 되는 무대다. 가수 등용문인 셈이다. 요즘 각 방송국에서 트로트 가수 등용 무대를 경쟁적으로 마련하고 있지만, 이 시간에는 특별한 의미가 있어서 거르지 않고 본다. 특히 오늘 4승에 도전하는 성민지를 좋아하게 되었다. 매주 수요일이 오면 '좋아요'를 눌러대며 열심히 응원한다.

출연자가 노래를 부르기 전에 자기 소개하는 시간이 있다. 출연자의 삶과 노래를 견주어볼 수 있는 시간이다. 살아온 이야기나 노래하게 된 동기 등을 말하면서 때로는 감정이 격해져서 눈물을 흘릴 때도 있다. 그럴 때면 진행자가 휴지를 건네주거나 물 한 잔을 주기도 하는 인간적인 장면이 연출된다.

아버지와 함께 출연한 성민지가 오늘 승리하면 4승째다. 1승을 더하면 대망의 가수가 된다. 긴장된 표정으로 "아버지는 신부전증으로 투석을 하면서도 제가 노래 부르는 무대를 따라다니며 '우리 딸 믿는다.'라고 쓴 팻말을 들고 응원하십니다. 어렸을 적에 성악가를 꿈꿨으나 아버지의 사업 실패로 꿈을 접었습니다. 이제는 트로트 가수가 꿈입니다 …" 표정이 나이에 비해 어둡다는 생각이 든다. 새파란 청춘인데 마음고생이 심했구나! 이어서 주현미의 '울면서 후회하네'를 부르기 시작한다.

노래를 시작하자마자 표정이 변한다. 노래와 몸놀림이 하나가 된다. 안정적인 음조로 빼어난 가창력을 뽐낸다. 기교적인 창법이 몸에 밴듯하다. 스무 살 청춘이 이

별의 아픔과 마음을 빼어버리고 떠나간 사람을 원망하면서도 한편으로는 그리워하는 마음을 이렇게도 부를 수 있구나 싶다. 몰입이다. 그가 3살 무렵에 유행했던 노래를 20년 후인 오늘에 맞게 부른다. 창작이다. 문학 지망생이 좋아하는 작가의 작품을 수없이 필사하고 모방하다가 자신만의 글을 쓰게 되듯 주현미의 노래를 성민지의 노래로 부른다. 자기화다. 가수 하춘화는 심사평에서 "성민지는 전통 트로트를 부르려고 태어난 것 같다"라고 극찬한다.

4승에 성공했다. 객석에 있던 아버지는 덩실덩실 춤을 추면서 무대로 나온다. "우리 딸 또 해냈구나. 파이팅!"을 외치며 얼싸안는 손이 떨린다. 부녀간의 진한 교감이다. 진행자가 승리한 소감을 묻는다. "아빠께 누비옷을 사드리려고 출연료를 모으고 있어요. 오늘 출연료까지 보태면 살 수 있을 것 같아요. 아빠가 올겨울을 따뜻하게 보낼 수 있을 것 같아서 젤 기뻐요" 샘물이 넘쳐흐르듯 참았던 눈물이 흘러내린다. 화장한 얼굴에 얼룩진다. 진행자가 휴지를 건네며 마음의 중심을 잡아준다.

다음 주에는 5승에 도전한다. 기다려진다. 아빠는 딸이

사준 누비옷을 입고 팻말을 흔들어대며 “내 딸 만세다!”라고 소리 지를 것이고 나는 “성민지 만세다.”라며 손뼉을 치며 환호할 것이다. 다음 주가 기다려지는 이유다.

내 속이 썩는다, 썩어

녹번역 승강장에 들어서는데 칠십 이쪽저쪽으로 되어 보이는 여성분이 큰 소리로 전화하고 있다. 말을 더듬기도 하고 때로는 떨기도 한다. 흥분된 것 같다. 굽은 허리에 낡은 배낭을 메고 있다. 초췌한 모습이다. 아까부터 귀를 기울였다. 나는 찻집에서나 식당에서나 대화하는 소리를 귀담아듣는 버릇이 있다.

"… 그래도 오해는 풀고 오너라. 사실을 알려야 한다." 올 때 정임이 데리고 와라. 어미가 봐줄게" "속이 썩는다. 썩어" 전동차 네댓 대가 지나갈 때까지 아들과 대화가 계속되고 있다. 긴 통화 내용을 요약하면 이렇다. 아들 내외 사이가 벌어져서 며느리가 집을 나간 것 같다. 마음 돌아선 여자를 되돌리기 어려우니, 손녀는 꼭 데리고 오라는 내용이다. 뿌리를 지키겠다는 의지가 강해 보인다. "어디세요?" 소음이 끼어들었나? 위치를 묻는다. "마음이 시끄러워서 나왔다. 전철역이다" 찬바람이 파고드는 추운 날이지만 집 안에 있을 수가 없었던 것 같다.

"속이 썩는다. 썩어"라는 말. 그렇지 않아도 몸 상태가 좋지 않은데 아들 내외가 갈라서게 되었으니 어찌할 바를 몰라 내뱉은 말이다. 그렇게 속을 끓이고 살다가 어느 날 거울에 비친 자신의 '썩은 얼굴'을 보고 놀란다. 몸이 상할 때는 얼굴부터 상한다.

세월이 가면 몸이 늙기 마련이다. 몸은 늙어도 얼굴은 썩지 않도록 웃고 좋은 생각을 많이 해야 하는데. 내 속이 썩는다. 썩어.

쌍화탕 한 병

첫눈이 내린다는 소설小雪이다.

하늘은 잔뜩 찌푸렸다. 몸이 찌뿌듯하다. 내키지 않는 산책길을 나섰다. 불광천을 걷는데 발걸음이 무겁고 발이 잘 떨어지지 않는다. 의자에 앉아 다리를 쉬는데 찬 바람이 파고든다. 춥다. 서둘러 돌아오는 길에 병원에 들렀다.

지난 봄이었다. 약국 문을 열었다. 처방전을 약사에게

건넸다. 약사는 나에게 말을 걸어왔다. “책을 들고 다니시네요. 보기 좋네요.” 미소로 응답했다. 한참 뒤 약봉지를 건네면서 “마스크 구하기 힘드시죠?” 슬며시 마스크 몇 장을 건넨다. 마스크 구하기가 하늘의 별 따기보다 더 어려울 때였다.

봄이 가고 여름이 가고 가을이 가고 겨울로 접어들었다. 오늘 다시 그 약국 문을 열었다. 두 번째다. 여성이 손가방을 들고 다니듯 나는 책 한 권을 들고 다닌다. 어느 날은 한 줄도 읽지 않으면서도.

그 약사가 묵례하면서 미소로 반긴다. 눈은 책에 맞추는 것 같다. 나도 따라 웃었다. 오랜만에 웃는 것 같다. “몸살감기시네요. 환절기에 조심하세요.”라면서 쌍화탕 한 병과 약 봉투를 건넨다. 그렇지 않아도 갈증이 나던 참인데.

따끈한 쌍화탕 한 모금 넘기면서 둘러봤다. 그 약사는 손님에게 약 복용법을 열심히 설명하고 있다.

문을 밀고 나오며 하늘을 봤다. 찌푸린 하늘이 포근하게 다가온다. 따뜻한 겨울이다.

바람만이 가져다주는 그 무엇이

2월을 기다린다. 길고 긴 겨울이 소리 소문 없이 떠날 채비를 할 무렵이면 노란 영춘화가 피기 때문이다. 어느 해 성북동에 있는 길상사 돌담 벽에 노란 꽃이 피어있었다. 개나리와 비슷했지만 아니었다. 영춘화였다. 그 뒤부터 나에게 영춘화는 봄의 전령사가 되었다.

자주 드나드는 화원에서 영춘화 분재를 들고 왔다. 쪽

마루 양지바른 곳에 두고 햇볕을 듬뿍 쬐어주고 물도 흠뻑 주며 정성껏 보살폈다. 막 꽃망울 맺힌 가지가 노란 꽃을 피워댔다. 길상사에 있는 영춘화를 우리 집에 옮겨 놓은 듯했다. 봄이 무르익을 무렵 꽃이 지고 잎이 돋아났다. 잎을 보며 여름을, 가을을, 겨울을 보내며 2월을 기다렸다.

기다리던 이듬해 2월이 돌아왔다. 그런데 이변이 일어났다. 햇볕을 쬐어주고 물도 흠뻑 주며 정성을 다했는데도 꽃피울 생각도 하지 않는다. 무엇이 잘못되었나? 가지를 꺾어 봐도 이상이 없었다. 분재를 들고 화원으로 달려갔다.

"꽃을 피울 생각을 하지 않아요. 걱정돼요."

주인은 분재를 보면서 미소를 지었다.

"영춘화를 어디에 두셨나요? 식물에는 햇볕과 물이 필요하지만 바람이 잘 드는 곳에서 키워야 꽃을 피운답니다. 바람이 불어야 해요." 바람이 불어야 '해요'를 힘주어 말한다.

"늦추위가 기승을 부려 쪽마루 문을 아직 닫아두고 있어요."

"…"

꽃집주인의 설명이 식물학에 근거한 것일까 하는 의구심도 들지만 "바람이 불어야 해요."라는 말이 귓가를 맴돌면서 내 마음에 잔잔한 파문을 일으킨다.

생각해 보면 식물뿐만 아니라, 인생도 햇살과 구름과 비와 바람이 적절하게 어우러지는 순간 꽃봉오리가 벌어지기 시작했던 것 같다. 분명 바람만이 실어 나르는 무엇이 있는 것 같다. 햇살과 구름과 비가 아닌 바람만이 가져다주는 그 무엇이.

004

큰소리로 말해 줘

사회적 거리 두기

팔을 움직이면 오른쪽 어깨가 아프고 잠자리에 들 때면 쑤신다. 환절기가 되면 비염이 도진다. 훌쩍거리고 가끔 잔기침도 한다. 코로나 19가 번진 지 한 달이 지났다. 특히 나이 든 사람이 기침하고 훌쩍거리면 확진자로 오해받기 십상이다. 몸이 불편할 때면 '혹시?' 하는 생각에 겁이 덜컥 난다.

밤 10시쯤이면 잠자리에 든다. 눈을 뜨면 새벽 3시다.

현관문을 열면 신문이 와있다. 신문을 읽다 보면 5시가 된다. 불 끄고 잠을 청한다. 눈을 떠보면 창문이 훤하다. 7시가 넘었다. 잠자리를 정리한 뒤 면도하고 머리 감고 몸 닦고 … 주방으로 간다. 떡 하나 계란 하나 우유 한 잔 그리고 사과 두세 쪽으로 아침상을 차린다.

읽던 책을 편다. 책 읽기는 30분을 넘기지 못한다. 눈이 침침해서다. 따끈한 찻물 한 모금 넘기며 유리창 너머 하늘을 바라보다 또 읽는다. 잠자리에서 일어나 이때까지 말 한마디 하지 않았다. 아니 못했다. 말 걸 사람도 걸어오는 사람도 없다, 이 방 저 방 다니면서 중얼중얼 글을 읽는다. 방은 듣고 나는 읽는다. 글을 읽는다는 것은 내가 나에게 말을 거는 일이다. 적막하던 집안이 글 읽는 소리로 가득하다.

갑자기 헛헛해진다. 12시가 넘었다. 냉장고를 열고 봄똥 겉절이 나박김치 시금치나물…을 주섬주섬 내놓는다. 줄을 맞춘다. 아내가 주말에 와서 만들어 놓은 것들이다. 양파와 마늘에다 살코기 한 점을 구워서 점심을 먹는다.

책 한 권 들고 집을 나서면서 마스크를 쓴다. 깜박하고 그냥 나왔다가 되돌아올 때도 있다. 코로나바이러스는 비말飛沫로 전염되며 그 거리가 2미터 정도라고 한다. 그래서 문화 인류 학자 에드워드 홀이 말한 '사회적 거리' 두기를 지키면서 마스크도 쓰고 다닌다.

냇물이 흐르고 오리가 먹이 찾는 불광천을 걷는다. 냇물 흐르는 소리가 더 맑게 들린다. 포근한 햇살이다. 바람 또한 부드럽다. 평화로운 냇가다. 등줄기에 땀이 밴다. 단추를 푼다. 선득하다. 얼른 다시 채운다. 산책로는 평소보다 더 많은 사람이 걷는다. 너 나 할 것 없이 전염병으로 집에만 있다 보니 답답해서 나온 것 같다. 아이 손을 잡고 걷는 사람, 바퀴 의자를 타고 나온 사람, 유모차를 밀고 나온 노인이… 불광천을 걷는다. 제복 입은 군인처럼 모두가 마스크를 썼다. 연인들이 귓속말을 나누면서 서로를 탐한다. '사회적 거리' 두기가 아니라 '친밀한 거리' 좁히기다. 저들에게는 전염병도 아랑곳없다. 젊음이 부럽다.

손전화에서 신호음이 울린다. 다리도 쉴 겸 근처 의자에 앉아서 전화기를 연다. ㄴ 선생이 문자를 보냈다. 반갑다. 여행 중에 벼룩시장에 들렀을 때 재미있게 생긴

종을 보고 내 생각이 나서 들고 왔다면서 코로나 19가 우선해지면 만나자는 내용이다. 미래에 대한 약속이다. 이어서 ㅎ 선생 전화다. 두 달 전에 어머니가 돌아가셨다면서 고아가 된 기분이라고 한다. 나는 부모님은 물론 형님 누님 다 가셨으니 진짜 고아는 여기 있다면서 위로했다. 서로 씁쓸히 웃었다.

발걸음이 잘 떨어지지 않는다. 좀 더 걷기로 한다. 단골 찻집을 가기 위해서다. 따뜻한 아메리카노 한 모금 물고 창밖을 바라보다 책 몇 장 읽다 페이스북을 열어본다. 세상 소식이 궁금해서다. 프랑스는 모든 학교를 무기 휴교했다. 또 15일간 통행을 제한했다. 약국과 슈퍼마켓을 제외한 모든 업소에 1개월 동안 휴업을 명했다. 기숙사에 있는 한국 학생에게 귀국을 종용했다. 3월이 지나면 하늘길이 막힌다고 한다. 항공권을 구할 수도 없고 구한다고 해도 평소 요금의 3, 4배의 웃돈을 주어야 한다.

우리 집 장손 태석이가 파리 방 한 칸에 고립되어있다. 문정희 시인은〈한계령을 위한 연가〉에서 온통 눈부신 눈에 고립되어있을 때 헬리콥터가 나타나도 결코 손을 흔들지 않겠다고 했다. 그런데 만약에 9,378킬로미터 떨어진 타국의 한 칸 방에 홀로 있는 녀석에게 일이 벌어진다면 헬리콥터가 뜨기나 할까? 귀국을 종용해 보지만 졸업 작품 마무리 중이라면서 끝을 보겠다고 고집을 부린다. 마스크 한 장 쥐여 주지 못하면서 애만 태운다. '이 일을 어찌할거나!' 내 새끼가 위태롭다.

정년퇴직한 뒤부터는 혼자 지내는 시간이 많아졌다. 혼자 생활하고 혼자 걷고 책 읽고 글 쓰면서 1인 시대를 살고 있다. 코로나 19가 전 세계에 번지면서부터는 집에서 가까운 불광천 길이나 서오릉 길을 걸으면서 지낸다. 전철을 타본 지가 언제인지 모르겠다. 나는 문화 인류 학자 에드워드 홀의 '사회적 거리' 두기를 이미 생활화하고 있지만, 2미터 거리를 두고 손 자주 씻고 마스크 쓰기를 철저히 하면서 동네 길을 뱅뱅 돌고 또 돈다. 비록 나이가 들었지만, 방역 수칙을 지키면서 지내는데 무슨 일이야 있으려고.

마스크 키스

잡지에서 '마스크 키스'를 찍은 사진을 보았다. 필리핀의 어느 도시의 합동 결혼식장에서 신혼부부가 마스크를 쓰고 키스하는 사진에 '초현실적인 결혼식'이라는 부제가 붙었다. 우리가 알고 있는 키스의 이미지에서 크게 벗어난 모습이기 때문에 그런 제목을 붙였으리라. 그러나 초현실적인 키스가 합동결혼식에서 현실적인 인상으로 되어버렸다. 비대면 시대

사랑법이다.

내가 만약 전염병에 걸렸다면 누구의 잘못일까? 나의 잘못인가? 아니다. 나는 그냥 누구를 만났을 뿐이고 어디를 갔을 뿐이다. 다수의 감염자는 대면 사회에서 평범하고 일상적인 행동을 했을 뿐이다. 감염자와 비감염자의 차이가 있다면 이건 운이라고 할 수밖에 없을 것 같다. 굳이 잘못을 따진다면 사람을 만났기 때문이다. 그래서 앞으로는 외롭지만, 비대면의 시대를 살 수밖에 다른 방법이 없을 것 같다. 비대면은 단절하고 고립되기 위해서가 아니라 계속 연결되기 위해서 선택된 현상으로 믿으며 이에 희망을 건다.

선별진료소 가는 길

손전화에 안전안내 문자가 자주 뜬다. 코로나 확진자가 발생할 때나 안전에 관한 공지가 있을 때는 하루에도 십여 번이나 뜰 때도 있다. 그중에도 어느 장소를 방문한 사람은 가까운 선별진료소에 가서 검사받으라는 문자를 받을 때면 섬뜩해진다. 당사자가 아닌데도 저승사자의 호출 같아 가슴이 철렁 내려앉는다. 코로나 19로 인해 세계인들은 1년 넘도록 긴장하면서 "혹시 내가?" 하는 두려움에 떨며 마스크를 눌러쓰고 지내고 있다 '초미세먼지보다 십분의 일이나 작은 세균과 전쟁 중이다. 전선 없는 전쟁이다.

사람들이 '사회적 거리두기'를 생활화하고 있지만 '발 달린 짐승'이 붙박이장이 될 수만은 없는 노릇이다. 분비는 전철을 타거나 사람이 많이 모여 있는 장소에 머물다 보면 순간 불길한 예감이 덮칠 때가 있다. "혹시?" "괜찮겠지" 하면서 방정맞은 생각을 털어버리지만 찜찜하다. '3차 유행'에 접어들자 '사회적 거리 두기'를 강화하며 카페에서 차를 마실 수도 없게 되었다. 인류는 스스로가 만든 거대한 수용소에 수용되어있는 수인 같다는 생각이 든다. 병원 가는 날이나 한 달에 한 번 사우나로 이발하러 가는 것이 외출의 전부다.

10여 년 단골 이발사가 인사동 근처에 있는 '종로사우나 이발실'로 옮기면서 나도 따라갔다. 이발하는 날이면 인사동을 기웃거리다가 북촌이나 서촌을 때로는 교보문고나 영풍문고를 다녀오면 하루 나들이로 그만이다. 그래서 종로사우나를 즐겨 찾는다. 환기가 원활하지 못한 사우나에서 확진자가 발생하면서부터 문제가 생겼다. 이발할 때가 가까워지면 차일피일 미루다가 "요번만…" 하면서 찜찜한 마음으로 가게 된다. 며칠 전에도 그랬다.

손전화에서 신호음이 울린다. 안전안내 문자다.

"1.9(금) 이후 종로사우나를 방문한 자는 가까운 선별진료소에서 코로나 19 검사를 받으시오."라는 문자다. 확진자가 발생했다는 것이다. "어디라고 했더라?" 다시 봤다. 종로사우나, 종로사우나는 내가 갔었는데. 그날 이발했잖아? 확진자와 같은 공간에 머물렀으니 선별진료소에 가서 검사받으라는 것이다.

선별진료소로 갔다. 긴 줄이 보인다. 검사 결과 양성으로 판명되면 격리되어야 한다. 특히 나 같은 고령자는 완치가 어렵다고 한다. 격리되면 나오지 못할지도 모른다. 인생에서 가장 확실한 것은 언젠가는 떠나 돌아오지 않는다는 것이다. 그게 언제일지는 아무도 모르지만. 그런데 그날이 오늘일 줄은 몰랐다.

서둘러 선별진료소를 향해 걸었다. 선별진료소 앞이다. 꽤 많은 사람이 거리두기를 하면서 서 있다. 전화가 울린다. "전데요…" 종로사우나 이발실 주인 목소리다.

"안내 문자에 뜬 종로사우나는 동대문에 있는 종로사우나예요. 혹시 우리 사우나로 착각하실까 봐서 전화했어요." 문자를 다시 봤다. "동대문구 전농동 소재 종로사우나…"라고 적혀 있다. 상호만 보고 지레 겁먹은 것이다.

대열에서 슬며시 빠져나오며 하늘을 바라봤다. 좀 전에 본 하늘 그대로다. 나도 조금 전의 나 그대로다.

인지기능이 저하되었지만

도로교통공단에서 운전 면허갱신에 따른 적성검사 안내문자가 왔다. 75세 이상인자는 치매검사, 교통안전교육, 적성검사를 받아야한다는 내용이다. 근래에 고령 운전자 사고가 증가추세라서 이에 대책으로 적성검사가 강화되었다고 한다.

아직은 가까운 거리를 운전하는 데 지장이 없다. 장을 보거나 대중교통을 이용하기에 적합하지 않는 지역을 갈 때는 손수운전을 한다. 때로는 답답하거나 불쑥 떠나고 싶을 때면 차를 몰고 낯선 거리를 달리면서 마음을 달래는 것 또한 즐거움이다. 안내문을 꼼꼼하게 읽어봐도 교통안전교육과 적성검사는 별문제 될 것이 없겠지만 치매 검사가 걸렸다.

외출할 때 손전화를 두고 나와서 되돌아가는 때가 자주 있는 일이지만 선풍기를 끄지 않은 것 같아 집에 가보면 꺼져 있고, 보일러를 끄지 않고 나와 집안이 뜨끈뜨끈 달아있는 경우도 있었다. 구청에서 치매 검사를 받으라는 문자가 와도 나는 아직 괜찮다고 자신하면서 검사를 미루고 있다. 이제는 꼼짝 못 하게 되었다.

보건소 직원과 마주 앉아 인지 선별검사를 받고 있다. 주의력, 지남력, 공간기능, 집행 능력, 기억력, 언어기능 등을 직원은 묻고 나는 답했다. 이름, 생년월일, 주소를 묻는데 얼른 말이 나오지 않는다. 긴장한 것 같다. 특히 '내일 10시 30분에 친구와 미술관 가기로 약속했다'라는 말을 기억해 두라고 한다. 10여분 동안 이것저것 묻고 답하다가 아까 기억해 두라고 했던 문장을 말해보라고 한다. "내일 10시에 만나서 미술관 가기로 약속 했다"라고 말했다. '30분'과 '친구'를 빼먹은 것이다. 긴장이 된다. 이어서 야채나 과일 이름 10개 이상을 말하라고 한다. "감, 밤, 대추 오이. 상추…" 9개를 말하고 나서 말문이 막힌다. 당황스럽다.

직원은 밀봉된 치매 검사서를 면허시험장에 제출하라고 한다. 기억력이나 언어능력이 노쇠해 있다. 더럭 겁이 났다. 운전면허증 갱신이 불허될 것 같았다.

면허검사소 직원이 제출한 서류를 검토한 뒤 교육장에 가서 교육받으라고 한다. 그렇다면 치매 검사에 합격했단 말인가? 직원에게 인지능력 선별검사내용을 알고 싶다고 했다. 50점 만점에 30점으로 우수한 편이라는 말을 덧붙이면서 총평을 읽어준다. "인지기능이 다소 저하되었으나 인지 저하라도 모두 치매로 인한 것은 아니니 염려하지 말라"고 했다.

직원에게 목례한 뒤 교육장으로 걸어갔다. 여유 있는 발걸음으로.

소리 질러

2020 동경올림픽이 코로나 19로 인해서 1년 늦게 관중 없이 열렸다. 한국 선수들은 여러 종목에서 선전하고 있지만, 특히 양궁에서 금메달을 4개나 획득했다. 그중에서도 17세 소년 김재덕은 화제의 인물이 되었다. 경기장에서는 물론 온라인에서도 인기가 대단하다. 어린 나이에 금메달을 2개나 획득한 것만으로도 장한 일인데 경기 내내 고비마다 '코리아 파

이팅'을 외치며 사기를 북돋는다. 관중석이 텅 비어있는 경기장에 '코리아 파이팅' 소리는 메아리 되어 울려 퍼졌다. 그 소리는 동료에게는 응원의 소리였으며 힘든 시기를 보내는 국민에게는 위로의 소리였다.

양궁이 가장 조용한 운동이라고 하는데 김재덕이가 가장 시끄러운 종목으로 만들었다. 일본이 한국과 대전할 때 일본 선수는 '코리아 파이팅'이라고 지르는 소리는 기합을 넣는 것이 아니라 위협적이었다고 말했다. 감독은 '재덕이가 상대방의 집중력을 흔들기 위해서가 아니라 긴장을 풀기 위해 소리 지른다.'라고 말했다. 어린것이 얼마나 긴장되었으면 울부짖듯 소리를 질러댔을까.

부모님의 이혼으로 할머니 손에서 자랐다. 할머니는 기르고 아버지는 가르쳤다. 초등학교 3학년 때 양궁을 시작했다. 연습 때도 '파이팅' 소리를 자주 질러댔다. 긴장감을 풀려고 그런다고 했다. 훈련이 만족스럽지 않으면 될 때까지 쐈다. 그런 날은 1,000발을 넘게 쏘고 자정이 되어서야 마쳤다. 지나친 훈련 탓에 어깨관절끼리 부딪쳐 염증이 생기도록 활을 쐈다. 자기와의 싸움이었다. 할머니가 노환으로 요양원으로 가시고 아버지는 뇌졸

중으로 쓰러졌다. 병시중을 들면서도 자정이 가깝도록 활을 쐈다. 활쏘기만으로도 버거운데 소년가장이 되었으니. 그럴 때는 더 오래 연습하며 '파이팅'을 목이 터져라 외쳤다.

메달을 획득하고 기자 질문에 "할아버지 산소 가서 절하고 할머니 목에다 금메달을 걸어드리겠다."라고 했다.

재덕아. 이제부터는 답답하면 가슴이 뻥 뚫릴 때까지 '파이팅'을 고래고래 소리 질러. '파이팅!'

금비녀

"우리 손자 전화를 받지 못했어. 이를 어쩌지." 군부대가 운영하는 밴드에 '훈련병 오준석 할아버지'라고 쓰고 문자를 남겼다. "저도 못 받았습니다. 저녁에 꼭 받으세요."라는 댓글이 달렸다. 슬픈 표정의 그림말(이모티콘)도 달렸다. 나도 같은 마음이다. 우리 집 막냇손자 준석이가 1주일 전에 육군에 지원 입대했다. 주말에 걸려온 전화를 받지 못했다. 내가 훈련

병 시절에는 군사우편으로 소식을 주고받았는데 지금은 전화도 받을 수 있고 문자도 보낼 수 있다. 세상 많이 좋아졌다.

입대를 앞두고 녀석과 강화도를 다녀왔다. 이런저런 이야기를 하면서 바닷가를 걷다가, 쉬다가 절에 가서 기웃거리다가, 전적지도 둘러보다가 바다를 바라보는 찻집 창문으로 수평선을 보면서 하루를 보냈다. 하루 내내 참된 군 생활을 하다가 돌아오라는 마음을 전한 것 같다. 식당에 갔을 때 녀석이 먹는 게 시원치 않다. 더 먹으라고 했더니 많이 먹었다고 한다. 심란한 듯하다. 침묵이 흐르다가 "할아버지 군 시절에는 배부르게 먹는 것이 소원이었단다."라면서 먹고 싶은 것 참지 말고 사서 먹으라고 전별금을 주었다.

5·16 군사 정변이 일어나던 해 가족의 전송도 받지 못한 채 논산훈련소에 입소했다. 입던 옷이 집에 배달되자 어머니는 대성통곡을 하셨다. 하루가 멀다고 배달되는 어머니의 위문편지는 큰 위로였다.

훈련 기간에 참기 어려웠던 것은 먹고 나면 바로 배가 고팠다. 그때나 지금이나 우리 준석이처럼 대식가도 아닌데 밥 먹고 돌아서면 헛헛했다. 이런 사정을 편지에 썼다. 어머니는 식음을 전폐하다시피 했다. 훈련을 마치자 백마고지 근처로 부대 배치를 받았다. 군인 열차가 내 고향 대전역에서 1시간 동안 머문다는 말을 듣고 편지를 했다. 열차가 밤중에 정차했다. 어머니가 하얀 치마저고리를 펄럭이며 달려와 끌어안으며 두둑한 봉투를 호주머니에 찔러 넣었다. 군사경찰의 호루라기 소리에 질겁하며 뒤로 물러서고 기차는 출발했다. 한 달 만의 모자 상봉은 그렇게 끝났다.

그 돈으로 허기를 달래면서 군 생활을 했다. 그 큰돈(?)을 어떻게 만드셨을까. 아버지 3년 상을 치르고도 목 비녀를 꼽는 어머니께 환갑기념으로 형님이 선물한 금비녀를 팔아서 마련한 돈이었다.

제대해서 복직하고, 대학을 졸업하고, 가정을 이루고, 자식을 낳아 기르면서 형편이 피었을 때도 금비녀를 해드릴 생각을 못 했다. 받을 줄만 알았지 되갚을 줄 모르는 무도無道한 자식이었다.

세월이 많이 흘러 노인이 되고 막냇손자를 군대에 보

내면서 군 시절에 배곯았던 생각이 떠올라 전별금을 주었다. 그때 문득 하얀 치마저고리를 펄럭이며 승강장을 달려오던 어머니가 눈에 어린다. 어머니께 금비녀를 해드리지 못했던 죄스러움이 마음 깊숙이 박혀 있다가 도진 듯 아려온다. 너무 늦은 깨우침이다. 이제 와서 어쩌겠는가.

부모님께 보내는 장정소포

우리 집 막냇손자 준석이 옷이 '장정소포'로 왔다. 검정 셔츠와 반바지 그리고 흰 운동화가. 옷을 들춰봤다. 꿉꿉하다. 땀에 젖은 것 같다. 콧등이 찡하다. 내가 입대했을 때 '장정소포'를 받은 어머니가 대성통곡을 하셨다던 말이 생각났다.

군대라는 거대한 집에서 세상의 집으로 돌아오면 입으라고 정성껏 빨아 다림질해서 옷장에 넣었다.

녀석이 그리울 때면 옷장을 열고 마지막 입었던 사복을 만져본다. 이 옷을 얼마나 쓰다듬어야 오려나. 내가 나이 먹듯 세월이 빨리 갔으면 좋겠다.

큰소리로 말해 줘

티브이를 보고 있었다. 외출에서 돌아온 아내가 "왜 이렇게 소리가 커요?"라면서 소리를 줄인다. 그때 벨이 울린다. 막내다. 목소리가 멀리 들린다. 티브이도 전화도 작게 들린다. "큰소리로 말해 줘" "잘 안 들리세요? 전화기가 문제가 있는 것 같은데요?" 전화기를 왼쪽 귀에 대봤다. 잘 들린다. 오른쪽 귀에 문제가 생겼는가. 더럭 겁이 났다. 끙끙거리는 며칠이 지났다.

아침에 자리에서 일어나 거실로 나오는데 현기증이 나면서 침대 모서리에 새끼발가락을 부딪쳤다. 그 자리에 주저앉고 말았다. 발가락이 퉁퉁 붓는다. 신발 신기도 불편하고 걸을 때는 절뚝거린다. 침대 모서리를 합성수지로 동여맸다. 이렇게 며칠이 지났다. 또 찼다. 건강에 경고음이 울리는 것 같다.

몇 년 전에는 이석증으로 고생한 적이 있다. 또 무릎 통증으로 산 오르는 것을 포기했다. 지금은 동네를 걸으며 지낸다. 행동반경이 좁아졌다. 기억력도 흐려졌다. 궁리 끝에 책상에는 물론 거실에도 침대 곁에도 돋보기와 필기도구를 두고 지내면서 떠오르는 생각을 적는다. 그렇지 않으면 바로 지워지기 때문이다. 눈이 점점 침침해진다. 글 읽는 시간보다 쉬는 시간이 더 길다. 백내장 수술을 권하지만 미루고 있다. 조금만 무리해도 코밑이 헐고 몸살을 앓는다. 머리카락이 시나브로 빠지듯 건강이 술술 빠져나간다. 육신이 부실해지니 정신이 맑을 리 없다.

기력이 슬금슬금 빠져나가면서 이런저런 생각을 정리

하는 시간을 갖게 되었다. 욕심을 줄이자. 방황하지 말자. 갈등하지 말자. 집착하지 말자 … 그래도 욕심을 부리고 방황하고 갈등하고 집착한다.

이러던 중에 일이 벌어졌다. 단골로 다니는 병원에 예약했다. 초진인 관계로 1차 병원에서 의뢰서를 가지고 오라고 한다. 오래전에 귀 청소했던 병원에 갔다. 의사가 귀를 검사하면서 이구전색증耳垢栓塞症이라고 한다. 쉽게 설명해달라고 했다.

"바깥 귀 길에 있던 귀지가 물을 흡수해서 부피가 팽창하여 바깥귀를 막았습니다. 그 결과 난청 이명 현기증을 일으킵니다. 소리가 아스라이 들리는 것도 현기증을 느끼며 침대 모서릴 차는 것도 여기에 원인이 있습니다." 긴 설명을 하면서 치료를 한다. 갑자기 의사의 말이 크게 들린다. 비행기가 이륙할 때 귀가 먹먹해지다가 뻥 뚫릴 때처럼.

치료를 마치며 "6개월마다 귀 청소를 하세요."라는 의사의 말이 음향 재생장치에서 나는 소리처럼 들린다. 아니, 피안의 세계에서 들리는 소리 같다.

아직은 “큰소리로 말해 줘”라는 말을 유보해도 될 듯 싶다.

주과포혜

오늘이 아버지 기일이다.

제물을 준비해서 산소로 갔다. 자식들이 산소에서 상석을 닦고 제물을 진설陳設한다. 대추, 밤, 배, 감을, 왼쪽에 포를 오른쪽에 식혜를 놓는다. 아내는 죄송스러워서 소적과 어적을 준비했다면서 내놓는다. 조율이시. 좌포우혜… 법도에 따라 차린다. 어려서부터 보고 배운 대로다. 이제는 자식들이 잘 모실 것 같아 마음이 놓인다.

아내는 제사를 모시고 나면 앓아눕는다. 관절도 좋지 않을뿐더러 체력이 달리는지 병원을 다녀와야 회복된다. 이런 일이 한 해에 대여섯 번이나 되풀이된다. 이러다가 큰일을 당할 것 같은 방정맞은 생각이 들 때도 있다. 지지난달 어머니 제사를 모시고는 더했다. 팔십이 넘었으니 그럴 때도 된 것 같다. 아내는 제물을 간략하게 준비해서 산소에서 지내자고 제의한다. 그렇게 하자고 했다. 자식들에게 경위를 설명하고 할아버지 제삿날 11시까지 산소에서 만나자고 문자를 보냈다.

처음 산소에서 제사를 모신다. 정성이 부족한 것 같아 죄스럽다. 집에서처럼 잔을 올리고 축문을 읽는다. 잘 읽히지 않는다. 자식이 대신 읽는다. 눈앞이 흐려진다. 날이 흐려서 그런가 사방이 침침하다.

입식 시대의 좌식생활

자주 가는 설렁탕집이 있다.

그 집은 여러 개의 방으로 되어있다. 신발을 벗고 들어가서 좌식으로 앉아 식사해야 하는 불편함이 있지만, 음식 맛이 뛰어나 늘 붐빈다. 그 집에 갈 때면 붐비는 시간을 비켜서 갈 정도로 인기가 있지만, 좌식이 늘 불편했다. 어찌하다가 두어 달 만에 갔더니 식당이 몰라보게 달라졌다. 여러 개의 방을 털어내서 넓고 따뜻한 온돌방으로 만들고 좌식이 입식으로 바뀌었다. 신발을 신고 따뜻한 방에 들어가서 맛난 설렁탕을 먹을 수 있는 집으로 변신한 것이다.

정부에서는 좌식 식탁을 설치, 운영하는 음식점 중 입식으로 변경을 희망하는 업소에는 지원금을 준다고 한다. 그 목적은 노인, 장애인, 임산부, 외국인들이 편리하게 사용할 수 있는 환경을 만들기 위해서라고 한다. 입식 시대다. 입식으로 바뀐 식당 중에는 신발을 벗고 식사하는 어색한 집도 있다. 아파트도 그런 식이다.

한국은 입식의 시대를 살고 있다. 주택을 제외한 대부분 공간은 입식으로 되어있다. 학교의 강의실, 공공기관이나 회사들의 사무실, 영화관, 공연장 등 어느 하나도 입식이 아닌 공간이 없다. 오직 주택만이 신발을 벗고 사용하는 좌식생활을 여진히 하고 있을 뿐이다. 출근할 때 신었던 신발은 퇴근해서 집으로 돌아와서야 벗게 된다. 사적 공간에서 누리는 자유로움이다. 집에서 신발을 벗는 예전의 습관을 그대로 유지하는 까닭은 무엇일까?

한옥과 아파트는 어떤 차이가 있을까. 여러 조사에 따르면 한옥의 단점은 '춥고 불편하고 비싼 편'이라는 점이다. 장점으로는 마당에서 뛰어놀고 불을 피워 고기를 굽는 즐거움이 있다. 그런가 하면 댓돌에 벗어놓은 신발이 비나 눈에 젖기도 하고 처마 끝에서 떨어지는 낙숫물 소리는 그 자체가 낭만이다.

나는 시골에서 태어났다. 안채는 기와집이었고 사랑채는 초가집이었다. 지금도 선명하게 기억되는 것은 마당은 여름이면 멍석을 깔고 모깃불을 피워 놓고 밤 이슥하도록 담소하는 여유로운 공간이었다. 나는 캄캄한 하늘에서 별똥별이 떨어지는 것을 바라보고 도랑물 흐르는 소리에 귀 기울이다 감자나 옥수수를 먹던 일들이 어제 일처럼 또렷하다.

아파트는 관리의 편의와 단열의 유리함, 양호한 단지 환경, 주차의 편의성, 그리고 안전하다는 인식 등으로 선호한다지만 처음부터 주거환경이 좋았던 것은 아니다. 처음에는 한 동짜리 저층으로 앞뒤로 긴 거실 겸 부엌이, 다른 한쪽으로는 방과 화장실이 배치되었다. 화장실에서 큰일을 볼 때 밖에서 문을 두드리면 기침 소리로 대꾸해야 했다. 한 단계 발전한 것이 계단식 아파트였다. 현관에 들어가면 마루가 있고 그 주변으로 두세 개의 방, 부엌, 화장실이 붙어있다. 구공탄 불로 밥을 지어 마루나 안방에서 먹었다. 거실 한쪽에는 방열기가 있었다. 침실을 제외한 공간은 바닥 난방 대신 공기난방을 하는 방식이었다. 1980년대 후반부터 집안 전체가 난방되면서 오늘과 같은 아파트 생활이 시작되었다.

근대 이후의 주택환경은 서구와 일본, 중국 등 외래의 건축방식이 유입되면서 큰 변동을 맞이하게 되었다. 침대와 식탁, 소파 등 입식 가구를 사용하게 되었다. 그렇지만 소파에 등을 기대고 따뜻한 방바닥에 앉는 것이나, 입식 공간인 부엌에서조차 따뜻한 온돌 난방을 선호하고 있다. 입식 시대를 살면서도 여전히 좌식의 집에서 생활하고 있는 것은 전통을 고수하고 있음을 뜻한다. 입식 시대를 살아가면서 좌식생활이 잘 어울리는지 새겨볼 일이다.

낙서, 예술이 되다

아무 데나 그림을 그리고

글자를 끼적거린 흔적을 낙서라고 한다. 모래밭이나 땅바닥에 나뭇가지로 이름을 쓰거나 그림을 그리고 공중변소나 후미진 담벼락에 욕설을 써놓은 것을 볼 수 있다. 산에 오르다 보면 잘생긴 바위에 자신의 이름이나 좋아하는 글귀를 새겨놓기도 한다. 나 또한 어릴 적에 사금파리로 땅바닥에 글씨를 쓰고 그림을 그리면서 놀았다. 낙서다.

낙서를 미술로 승화시킨 작가 중에 장 미셸 바스키아(1960-1988)의 작품을 얼마 전에 ㄹ 미술관에서 처음 보았다. 그 뒤로 '현대미술 강좌' 시간에 그의 예술을 더 깊이 접하게 되면서 그를 좋아하게 되었다.

길거리 벽면에 분무기로 그려진 낙서 같은 문자나 그림을 예술로 끌어올린 장 미셸 바스키아는 미국의 흑인 가정에서 태어났다. 3살 적부터 미술에 조예가 깊은 엄마의 손을 잡고 미술관을 다니고 그림을 그리면서 화가가 되기로 마음먹는다. 의외로 많은 엄마는 자식을 구체적으로 사랑할 줄 모르는데 그의 엄마는 사랑과 지혜로 아들을 미술로 인도했다. 그러나 이혼으로 잡은 손을 놓게 되고 어린아이는 홀로 세상과 맞닥뜨리게 된다.

고등학교를 자퇴하고 레오나르도 다빈치, 앤디 워홀 등의 회화 스타일을 독학으로 배우며 그림을 그렸다. 빈민가에 사는 10대들이 그린 낙서에 담긴 반항 의식을 예술로 만들었다. 그리고 엽서나 티셔츠 등에 그림을 그려 팔면서 자신의 회화 세계를 이루어갔다. 낙서화落書畵가 도시의 골칫거리에서 현대미술의 한 분야로 자리 잡을 수 있었던 것은 장 미셸 바스키아의 공이 컸다. 정식으로 미술 수업을 받지 못했음에도 미술계의 독보적인 존재로 떠올랐다.

그의 그림이 아무 생각 없이 끼적거린 낙서 같아 보이지만 상징적이고 정치적인 의미들로 가득했다. 흑인들이 차별받는 데 주목하여 그의 뿌리인 '흑인'을 그렸고 서명 대신 왕관을 그려 흑인에 대한 존경심을 표했다.

그의 스승이자, 친구이자, 후원자인 앤디 워홀과 깊은 관계를 맺었다. 그는 세계적으로 유명한 팝 아티스트였고 바스키아는 무명의 젊은 화가였다. 워홀을 만나면서 유명해지기 시작했다. 의지했던 워홀이 사망하자 바스키아는 작품을 그리지 않을 뿐만 아니라 모든 전시를 중지하고 두문불출했다. 스승 이상이었던 워홀의 사망으로 그는 무너지고 말았다. 1년 뒤 약물 과다 복용으로 사망하고 만다. 1,000여 점의 그림과 1,500여 점의 소묘를 남긴 채. 나는 건조한 삶 속에서 어렵사리 집을 마련하고 자식 낳아 기르고 가르치면서 보다 현실적인 생활에 익숙해질 무렵이었다.

지금도 바스키아의 그림이 박힌 티셔츠와 재킷과 팬

츠…가, 전 세계로 팔려나가고 있다. 그의 작품은 경매 최고가를 갈아치우며 명성을 누리고. 그의 낙서 같은 그림에 빠져드는 것은 영화 같은 삶이 애달파서라기보다, 불꽃처럼 타올랐던 삶과 예술과 달리 그의 그림에 어둠이 어려서다. 어둠의 색깔은 흑색에 가깝다. 루이 암스트롱, 마일스 데이비스 등 흑인을 주로 그렸다. 그림 속의 눈은 하나같이 우울하고 어둡다. 상처받은 사람 같다. 어쩌면 절정기에 죽음에 사로잡혔던 한 예술가의 내면을 보는듯해서 섬뜩해진다. 그의 낙서 같은 작품 '무제'가 경매에서 1,200억 원에 팔렸다. 1,200억 원짜리 낙서 뒤에 드리운 젊은 예술가의 어둠과 우울함에 맞닥뜨리게 된다.

정년을 맞았다. 집으로 돌아와 어릴 적 땅바닥에 사금파리로 낙서했던 기억을 더듬어 선 긋기와 글쓰기를 시작했다. 노년이 된 지금도. 이제나저제나 낙서에서 벗어나지 못하는 선 긋기와 글쓰기다. 언제나 예술이 될는지 조바심이 날 때도 있다. 하지만 분명한 것은 나의 낙서는 그날까지 계속될 것 같다.

밥상 차리기

현관문 여는 소리가 난다.

누굴까? 어제 큰애네 갔던 아내다. 하림이가 코로나 19에 확진되어왔다면서 자신의 방으로 들어간다. 찜찜한 하루가 지났다. 아내를 앞세우고 선별진료소에 갔다. 진료소 입구부터 길고 긴 줄이 끝이 보이지 않는다.

다음날 일찍 문자가 왔다. 검사 결과 나는 음성이고 아내는 양성이라고 한다. 3년여 동안 비교적 수칙을 지키며 생활해왔는데 확진자가 되었다. 하루에 2십여만 명의 확진자가 발생해도 건성으로 들었는데 아내가 확진자가 되었다니 실감이 나지 않는다. 그러나 현실이다.

자가 격리대상자 생활수칙에 따라 즉시 아내와 격리했다. 아내는 흰쌀밥을 좋아하고 나는 현미밥을 먹는 관계로 평소에도 밥을 따로 한다. 아내는 짭짤한 반찬을 즐겨 먹는데 나는 싱겁게 먹는다. 식성이 다르다. 우선 장보기가 급했다. 시장에서 짠지와 어리굴젓을 샀다. 자주 다니는 식당에 들러 된장찌개와 게장도 샀다. 짠지, 김치 된장찌개, 게장을 놓고 후식으로 배 두 쪽으로 점심상을 차렸다.

50여 년을 정년도 없는 가정이란 직장에서 휴가도 보수도 받지 않고 밥상을 차려주기만 했던 아내를 위해 처음으로 밥상을 차린다. 방문 앞에 상을 놓고 문을 두드리면 방문이 열린다. 한참 있다가 문밖으로 상이 나오면 설거지를 한다. 그릇은 삶고 상은 소독제로 닦았다. 세 번 상을 차리고 설거지하고 집안 소독하다 보면 다음 끼니가 기다리고 있다. 이런저런 잡다한 일을 하다 보면 하루해가 기운다. 자가 격리 1일째다.

보건소에서 하루에 두 번씩 전화해서 체온을 묻고 신체의 변화를 묻는다. 위로가 된다. 갑자기 병세가 악화될까 싶어 먹는 치료제를 처방해 달라고 했다. 팍스 로비드를 처방하면 집중관리에 들어가야 하는데 아직 무증상이니 지켜보자고 한다.

102년 전 스페인독감이 식민지 조선을 휩쓸고 지나갔다. 당시 인구 759만 명 중 288만 명이 감염되었고 14만 명이 사망했다. 치료 약은커녕 감염 자체가 죄인 취급하던 시절이었다. 세상이 바뀌고 또 바뀌었지만, 아내는 의사의 보살핌을 받으며 투병하고 있다. 2일째다.

3일째 되는 날이다. 체온도 정상이고 신체의 변화도 없다. 식욕도 그런대로 정상이다. 무증상이다. 의사는 확진자 중 4, 50퍼센트가 무증상 환자라면서 다행이라고 한다. 그럴수록 수칙을 잘 지키면서 7일을 견뎌야 한다고 강조한다.

진화생물학자 최재천 선생의 말에 의하면 인류는 코로나 19라는 커다란 산 정상에 와있다. 이제는 내려갈 순간이 다가온다. 치명적으로 전파력이 강한 바이러스가 인간을 쓰러뜨리고 꼼짝 못 하게 했다. 그런데 바이러스도 살기 위해서 증상이 약한 오미크론으로 변이되었다. 계절 독감처럼 앓고 일어나는 날이 쉬 올 것이고 여름쯤이면 마스크를 벗고 지낼 수 있을 것 같다. 하지만 빌 게이츠는 다른 전염병이 2, 3년 뒤에 올 것 같다고 말했다.

자가 격리 7일째 되는 날이다. 아내는 자신의 방을 쓸고 닦으며 폐기물을 정리하고 목욕도 하고 옷도 갈아입는다. 검사한 결과 음성 판정을 받았다. 하늘이 좀 더 있다가 오라는 것 같다. 천만다행이다.

봄의 노래

아내가 오미크론 확진자가 되어 격리를 끝내고 큰애네로 갔다. 모처럼 홀가분한 마음으로 창밖을 내다본다. 쪽마루에 있는 분재가 눈에 들어온다. 흙이 말라 있다. 겨를이 없어 소홀했다. 물을 흠뻑 주었다. 겨울잠을 자던 분재가 싹을 틔우고 영춘화가 노란 꽃망울 내민다. 그동안 물도 제대로 주지 못했는데도 때를 잊지 않는다. 곡절 많은 인간 세상에 어떤 일이 벌어지든 자연은 변함없이 순환하고 있다.

길고 긴 겨울을 쪽마루에 있는 분재들도 잘 견뎌냈다. 만물이 봄맞이 채비를 하고 있다. 인간도, 동물도, 영춘화도 제자리를 차지하고 참혹한 겨울을 견뎌냈다. 봄은 한 해의 시작이다. 겨울에 죽지 않고 목숨을 부지한 만물이 생명의 위대함을 말할 때다. 살아남은 것들이 새로운 힘을 얻고 새 희망을 맞이한다.

물을 주고 창밖을 내다봤다. 창문을 가볍게 두드리는 소리가 난다. 이게 무슨 소리지? 창문을 열었다. 비가 내리는구나. 봄비가 눈앞 가득 내리고 있다. 유리문을 통하여 내리는 비를 바라다봤다. 비를 눈으로 보는 것인지, 아니면 내 마음이 비를 맞는 것인지 알 수가 없다.

옷을 갈아입고 밖으로 나갔다. 똑똑 봄비가 우산에 떨어진다. 눈앞은 온통 비와 안개에 뒤덮여 아득하기만 하다. 도시의 복잡한 풍경이 지워지고 여백이 많은 오래된 그림을 보는 듯 눈앞이 훤해진다. 비 오는 날 우산을 쓰고 거니는 걸 좋아하는 사람이 어디 나쁜이겠는가.

비 오는 날에는 우산을 쓰고 걷다가 전망 좋은 찻집 창가에 자리를 잡는다. 봄비가 창문에 눈물처럼 흐르다가 번진다. 혼자서 비를 보고 있으면 어느덧 먼지 묻고 때 묻은 내 마음이 씻기는 듯하다. 그리고 나의 내면을 좀 더 깊게 들어가 보게 된다.

1세기 전, 미국의 여성 시인 에밀리 디킨슨(1830-1886)은 매사추세츠의 조용한 숲속에 있는 집에서 혼자 살았다. 비가 소리 없이 내리는 날이면 산책을 즐겼다. 미국 문학에 큰 발자취를 남긴 그는 살아생전에 두세 편의 시밖에 발표하지 않았다. 발표하지 않은 작품을 그냥 간직한 채 죽고 말았다. 비 오는 날을 그렇게도 좋아했다니 어쩌면 디킨슨이 산책하던 그 날도 지금처럼 봄비가 내리고 있었을지도 모른다.

한 해의 봄
하루 중 아침
아침 일곱 시
언덕에는 진주 이슬 맺히고
종달새는 날고
달팽이는 가시나무 위에
하느님의 하늘에
모든 것이 평화롭다!
_에밀리 디킨슨의 시 '파파의 노래(봄의 노래)'

오늘도 봄비가 내린다. 1세기 전의 빗소리가 들리는 것 같다. 나는 한 권 분량의 원고가 모이면 서둘러 책을 낸다. 내 글이 이 세상 어느 한 사람의 아픈 마음을 위로하고 씻어준 적이 있는가. 고통을 덜어주었는가. 고통 너머 희망을 주었는가. 그렇지 못했다면 책을 내는 것이 무슨 의미가 있는가. 나에게 물어본다. 그래도 책을 낸다. 창밖에는 디킨슨이 산책하던 그 날처럼 비가 내리고 있다.

차 한 잔의 의미

연둣빛 새순이 삐죽삐죽 돋아나는

분재에 물을 흠뻑 주었다. 모과나무는 며칠 전부터 꽃망울이 맺히더니 활짝 벌어졌다. 면봉에 꽃가루를 묻혀서 다른 꽃에 묻혀주었다. 인공수정이다. 올해는 열매가 얼마나 맺힐는지 기대된다. 분재를 둘러보고 따끈한 찻물을 찻잔에 따랐다. 한잔은 나에게 또 한잔은 오늘 신방을 차린 모과나무에.

찻물을 한 모금 넘길 즈음에 전화가 울린다. 오랜만에 걸려오는 전화다. 같이 글공부하는 ㅎ 선생이 백내장 수술 잘했는지 궁금해서 전화했다고 한다. 문병 전화다. 사람이 그립던 차에 오래도록 전화기를 놓지 않았다.

전화가 백색전화와 청색전화로 구분되던 시절이 있었다. 백색전화는 매매가 가능한 전화였고 청색전화는 매매할 수 없는 전화였다. 급속도로 산업화하던 시절인지라 사회활동에 꼭 필요한 사회기반시설이 태부족하던 1970년대에는 백색전화가 집 한 채 값이었다. 그때 쓰던 백색전화를 지금도 쓰고 있다. 한 달에 한두 번도 사용하지 않지만, 나를 기억하는 사람이 혹시나 전화할까 봐 그대로 두고 있다. 지금은 손전화도 하루에 한두 번 울릴까 말까 한데 백색전화로 나를 찾을 사람이 있을까마는 복권 당첨을 기다리듯 그 전화가 울리기를 기다린다.

나를 찾는 전화가 제법 걸려 왔던 시절이 있었다. "차 한잔하자" "저녁이나 같이 먹자" "큰 애가 대학에 붙었는데 등록금이 모자란다. 도와주라" "어머니가 수술하셨네. 병원비 좀 보태주게" … 이런저런 전화가 자주 걸려 왔다. 그럴 때는 "집에 없다고 해" "오늘이 아버지 제사야." 이렇게 둘러대다 보면 나는 늘 늦게 퇴근하는 사람이 되고 일 년에 아버지 제사가 네댓 번이 될 때도 있었다. 어른이 한두 분씩 세상을 떠나고 정년퇴직을 하고 나니 별 볼 일 없는 사람이 되어서인지 걸려오는 전화가 줄어들었다. 수첩에 빼곡히 적혀 있던 전화번호를 지우다 보니 몇 명 남지 않았다. 그러니 차 마시자는, 밥 먹자는, 돈 좀 꿔달라는 전화가 걸려 올 리가 없다.

어제가 오늘 같고 오늘이 내일 같이 여일한 하루하루다. 오늘이 며칠인지, 무슨 요일인지 모르고 지낼 때도 있다. 그래서 나만의 생활계획표를 짜 놓고 지낸다. 일정이 없는 날은 대청소하고, 빨래하고, 집안 정리하다 보면 저녁때가 된다. 하루가 다 가도록 나를 찾는 사람도 찾을 사람도 없다. 전화 또한, 침묵 중이다. 어쩌다 걸려오면 반가운 마음에 엿가락 늘이듯 사설을 늘어놓으며 쉬 차 한잔하자고 기약 없는 약속을 한다.

정년을 인생의 1막이라고 한다면 이어서 2막이 시작된다. 나의 인생 2막은 책 한 권 들고 여기저기를 쏘다니는 일이다. 때로는 이유 없이 화가 나거나 서러울 때는 감정이 가라앉을 때까지 무작정 걷는다. 미움, 원망, 서러움으로 얽히고설킨, 뜨거운 감정을 낯선 길 위에 버려두고 되돌아온다.

격한 감정이 날 망가트리지 않도록 마음속에 작은 숨통 하나 뚫어놓고 지낸다. 나와 내가 소통하는 통로다. 다니다가 힘들면 찻집에 들어가 차를 마시며 읽고 쓰고 멍때리기 하며 세월을 보낸다. 말동무가 그리울 때면 이육사 시 '청포도'의 한 구절처럼 "우리 식탁엔 은쟁반에 하이얀 모시 수건을 마련"하는 마음으로 차 한 잔 더 시켜놓고 찻잔과 마주 앉아 이런저런 속말을 나눈다.

누군가와 차 한잔하고 싶다면 함께 시간을 보내고 싶다는 뜻이다. 당신과 나 사이에 놓인 찻잔은 당신과 내가 대면하는 자리다. 차 한 잔은 당신과 내가 나누는 묵언의 시간이다.

아내의 마지막 계절

아내가 오미크론에 감염되었다.

그나마 무증상이어서 다행이었지만 옆에서 지켜보는 내 마음은 오그라드는 것 같았다. 고령자라 걱정이 컸는데 격리가 끝나고 검사한 결과 음성판정을 받아 한시름 놓게 되었다.

자가 격리가 해제된 뒤부터 문제였다. 끼니를 전보다 적게 먹으면서 그나마 소화를 시키지 못하고 화장실을 들락거리며 기운을 차리지 못한다. 동네병원에서도 코로나 후유증 같다며 약을 주지만 효과가 없다. 홀시어머니 모시고, 자식 낳아 기르고, 가르치고 손주 녀석들 다 자라서 이제야 숨 쉴만한데 늙음이 앞질러 오더니 역병에 걸리고 말았다. 꽃 피고, 잎 피고, 열매 맺고, 낙엽 지는 계절을 보내고 빈 가지만 남은 처참한 풍경을 바라본다. 자연의 사계는 순환하지만, 인생의 계절은 일회적이다. 아내의 마지막 계절이 애처롭다. 제자리 지킴이 그리도 버거웠던가. 사람의 힘으로는 어찌할 수 없는 무력감에 빠진다.

동네병원에 갔다. 응급실에서 링거주사를 맞는 창백한 얼굴이 숨 멎은 사람 같다. 작은 키가 나이 들면서 줄어들고 허리를 다친 뒤부터는 더 작아졌다. 십여 일새 몸이 더 작아진 것 같다. 가느다란 관을 타고 링거액이 몸으로 흘러가고 이를 지켜보는데 눈시울이 뜨거워진다. 이대로 무너지면 안 되는데 이 일을 어쩔거나.

간절한 바람이 닿았는지 링거를 다 맞을 무렵 얼굴에 화색이 돌고 편안한 숨을 쉬면서 눈을 뜬다. 안정을 찾은 것 같다. 뚝, 뚝, 한 방울 한 방울 자신을 소진하면서 기운을 되찾게 해주고 자신은 사그라지는 링거액이 고마울 따름이다.

병원을 나선다. 봄볕이 화사하다.

은방울꽃, 그 유혹

강원도 평창군 태기산 중턱

텃밭에 감자꽃이 흐드러지게 피어있다. 녹색 천지에 하얀 꽃이 화사하다. "감자는 순 지기를 해야 잘 열린다."라는 내 말에 "덜 먹더라도 꽃을 오래 보고 싶다"라고 주인장은 대답한다. 그는 어둠이 찾아오면 장작불을 피워놓고 불을 바라보고 어둠이 걷히면 산을 바라보며 지낸다. 봄, 여름, 가을을 그렇게 지내다가 산촌에 추운 겨울이 찾아오면 서울 집으로 돌아온다. 자연과 친한 사람이다.

주인장과 태기산 길을 오른다. 줄기 끝에 종 모양의 흰색 꽃을 매단 은방울꽃이 피었다. 녹색 세상에 순백의 꽃이 아래를 향하여 다소곳이 피어있다. 산바람이 불면 청아한 소리가 울릴듯하다. 바람결에 시원한 사과 향을 풍긴다. 바람을 타고 날아온 향기가 후각을 자극한다. 아름다운 자태에 은은한 향을 바람결에 슬쩍 실어 나르는 꽃은 재색을 겸비한 산중 미인이다. 키 큰 나무 밑에 피어나는 야생화 중에 유독 그 꽃이 나를 잡아끈다. 은방울꽃에 홀려 산을 헤맨다.

은방울꽃은 몸 전체가 유독성을 품고 있다. 산마늘, 비비추, 둥굴레와 흡사하여 잘못 먹었다가는 봉변당하기 십상이다. 꽃말은 순결이다. 유럽에서는 은방울 꽃다발을 선물하면 행운이 돌아온다는 말이 있다. 향기 또한 오래 남아서 같은 향을 맡으면 기억을 떠올리게 한다. 바라만 봐도 마음이 흔들린다.

화려한 색이 눈길을 끈다. 독버섯은 꽃보다 더 화려한 자태로 유혹하지만 잘못 먹으면 치명적이다. 독이 있는 줄 알면서도 가까이하면 깜박하는 순간 넘어가고 만다.

오스카 와일드는 “착한 여자는 지루하고, 악녀는 남자를 고민하게 한다.”라고 말했다. 산천에는 유해식물이 곳곳에서 널려있고 인간 세상에는 ‘남자를 고민하게 하는’ 유해 인간이 독버섯처럼 유혹한다.

살다 보면 그 유혹에 넘어가 낭패당하기도 하고 유혹의 언저리를 넘나들면서 살아간다. 나 또한 아직도 혼미한 상태로 사는 것을 보면 유혹의 언저리를 벗어나지 못하고 있는 것 같다. 정신 차리려면 아직 멀었다. 그런데도 나는 은방울꽃이 참 좋다.